延迟满足

会等待的孩子更成功

韦易然 / 著

中国言实出版社

图书在版编目(CIP)数据

延迟满足：会等待的孩子更成功 / 韦易然著. —
北京：中国言实出版社, 2022.8
ISBN 978-7-5171-4241-6

Ⅰ. ①延… Ⅱ. ①韦… Ⅲ. ①家庭教育 Ⅳ. ①G78

中国版本图书馆CIP数据核字(2022)第114428号

延迟满足：会等待的孩子更成功

责任编辑：薛　磊
责任校对：李　岩

中国言实出版社出版发行
地　　址：北京市朝阳区北苑路180号加利大厦5号楼105室（100101）
编辑部：北京市海淀区花园路6号院B座6层（100088）
电　　话：64924853（总编室）　　64924716（发行部）
网　　址：www.zgyscbs.cn
E-mail：zgyscbs@263.net

经销：新华书店
印刷：河北盛世彩捷印刷有限公司
版次：2023年1月第1版　　2023年1月第1次印刷
规格：880毫米×1230毫米　1/32　8印张
字数：153千字

定价：49.00元
书号：ISBN 978-7-5171-4241-6

目　录

第三章 没有专注力，延迟等于浪费时间

第四章 转变思维方式，找到更好的教育方法

第七章　家长培养孩子时的常见误区

第一章

会等待的孩子更容易成功

1. 孩子的一生就像"棉花糖试验"

"如果我二十分钟后回来，发现我给你们的那颗棉花糖还在桌子上，我就再奖励你们一颗。"美国心理学家沃尔特·米歇尔对参加"棉花糖实验"的孩子们说。

大多数的孩子很快就投降了，只有三分之一的孩子努力克制，最终忍住了棉花糖的诱惑。之后，米歇尔对参加实验的孩子进行了长达三十几年的跟踪调查，并且每十年评估一次。结果显示，那些幼时就有极强自控力的孩子，他们与那些自控力差的孩子相比学习成绩更好、社会竞争力更强、社交能力更强。

这个实验又被业内称为"延迟满足实验"。

有些人看到这样的结果后会想起"三岁看大，七岁看老"这句俗语，但米歇尔设计这个实验的目的并不是想证明一个人的童年是否会影响他的一生，而是想弄清楚，究竟是什么促使一些孩子能够接受延迟满足。下面我们就来看看米歇尔的研究成果。

遗传

遗传基因会影响孩子的自控力。但这不代表天生自控力差的孩子会永远差。因为自控力就好比肌肉一样可以通过锻炼来加强。例如狙击手就要经过长久的训练，才能做到长时间的潜伏。

家教方式

米歇尔发现，如果家长言而有信且尊重孩子意愿，孩子更容易接受延迟满足。因为他确定自己能等到想要的东西。相反，孩子则很难控制自己的行为。

除夕夜，小明在一家酒店内玩遥控车。邻桌的小朋友阿亮羡慕不已。于是小明就把遥控车借给阿亮玩。然而，阿亮玩得正高兴时他的母亲要带他回家，阿亮便又哭又闹，就是不放下遥控器。小明的姥爷见状，就把遥控车给了阿亮。

"小明，我把你的车给阿亮了，明天带你买辆新的。"姥爷对小明说。

"老师说，大人可不能欺骗小朋友。"小明对姥爷说。

"姥爷说到做到。"姥爷说。

第二天，姥爷带小明去买遥控车，而且是最新款的。从此以后，小明就肯于接受姥爷承诺的延迟满足了。

正是因为小明的姥爷言而有信，并给了小明超出预期的回报，所以小明才会接受延迟满足。若是小明的姥爷言而无信，小明没了遥控车还被欺骗，就会感到双重的失望，从此不再信任家长。孩子连亲人都不敢相信，则更难相信别人，对于承诺的事情也就不再愿意等待。

掌控力

掌控力是一种能让你自主决定自己行为的力量。它来源于一个人对自己能力的自信。这种信念能让他在获取东西时不急不躁。

感知力

米歇尔在"棉花糖实验"中，安排一部分实验者关注棉花糖能带来食欲的特征，例如：气味、颜色、造型等。另一部分实验者，关注棉花糖的不足之处，例如太甜会伤害牙齿、颜色与味道单一等。结果显示，后者对棉花糖的忍耐力远远强于前者。

距离感

在"棉花糖实验"中，一些孩子为了提升自控性，主动远离棉花糖，而且不去想棉花糖的味道。这样的距离感降低了他们对棉花糖的渴望，对自控力的提高有了很大帮助。

执行力

执行力好的孩子在追求目标时能控制住自己的冲动行为，牢记指令，最后实现目标。

　　"棉花糖实验"展示了影响孩子成长的诸多因素。在孩子的一生中会出现很多类似于"棉花糖实验"的情景。例如，许多人在青少年时期会急躁、虚荣、固执，选择了不利于自己长远发展的目标，或因为眼前的蝇头小利裹足不前。这正是他们与那些克制力强的孩子拉开距离的分水岭。

　　此外，延迟满足不仅是一种能力，更是一种选择。孩子选择什么样的目标决定了他前行的道路、努力的程度、接触的事物等等。因此说孩子的一生就像"棉花糖实验"，父母可以让孩子以选择为动力，去开启自己的精彩人生。

2. 眼光长远的孩子更容易接受延迟满足

父母的眼界对孩子是否接受延迟满足影响极大。这一点，著名诗人韩东写的诗歌《山民》阐述得最为清晰：一个住在山区的小男孩问父亲山外是什么，父亲说是连绵不断的大山。孩子成人后，却笃定山外一定有大海，于是独自跨越群山去寻找大海。可惜未能走出去就累死在山中。他临死前想，如果自己的祖先也像他一样笃定外面有大海，从而带上老婆孩子跨越大山，一代一代不断探索，就应该是自己见到大海了。

可见，孩子最初的眼界取决于他的父母。要是孩子以后也没有长远的目标，很可能像诗歌中的父亲一样被自己的眼界困住，走不出大山。因此，家长应该通过一些方法让孩子有更远大的理想。下面我们就来看看，最有利于孩子眼界开阔的四件事。

提升自己的眼界

网络上流行一篇文章叫《你挣不来你意识以外的钱》，因为你不敢想，更不知道该采取哪些行动。培养孩子也是如此，你若自己眼界不高，就很难改变孩子的眼界，甚至会因为自己眼界的局限性而限制了孩子的成长。

有些家长说，自己工作太忙，无暇了解外面的世界。其实不然，你可以用看手机视频的碎片化时间去了解对孩子有帮助的资讯。这样你再帮孩子做选择的时候，目光就不会过于狭隘。

带孩子多看看世界

台湾作家刘墉说："我们从小到大，喊了太多的口号，听了太多的训话。其实我们真正需要的，是从生活中产生的经验与感触。"

孩子也是如此。有些事你必须让他亲身体会，他才能真正获得深刻的感受。唐代诗人元稹写"曾经沧海难为水"，意思是：如果你看过沧海，别处的水就再难吸引你了。要是孩子没看过大海，他听到"气蒸云梦泽，波撼岳阳城"的诗句，也不会觉得波涛浩瀚。

让孩子多看书

许多人把目光长远定义为目标远大，其实它还包含宽容豁达的意思。有了这种心胸你才不会在小事上斤斤计较，而是能够专心致志地去实现长远目标。家长为了培养孩子的气度可以引导孩子多读书，尤其是能提高孩子自身格局的书。这样他才能多角度地去看待一件事情，不钻牛角尖。

让孩子对你多一些了解

一位心理学家说："孩子成长中心灵受到的伤害大多与原生家庭有关。"这是因为孩子与父母接触最多，利益关系最大，所以也最容易产生矛盾。因此家长应该让孩子对自己多一些了解，孩子才会放下矛盾，以豁达的心态面对明天。

张敏非常喜欢音乐，一心想学音乐，做歌星，可是她的母亲却让她学美术。张敏觉得母亲眼里只有钱，根本就不在乎自己的喜好，于是负气离家出走了。

母亲找到她以后，对她说："女儿啊，我和你爸只是普通工人，让你学音乐，却请不起名师，这是耽误你的前途。你若学美术，家里的经济条件能为你找到全市最好的画室。而且从未来的就业渠道看，美术比音乐要宽一些。"

张敏知道母亲的良苦用心后，选择学了美术。

如果张敏的母亲不向张敏说明自己的想法，张敏会一直觉得母亲吝啬，生母亲的气，而不会去想现实问题。家长就算想引导孩子把目光放长远也无济于事。所以，家长在某些事上应该向孩子敞开心扉，这样孩子才会懂得感恩，心理健康地成长。

一个孩子只有目光长远，才更愿意接受延迟满足，并积极地面对生活、理性地处理前进道路上的矛盾，从而迎来开阔的人生。

3. 孩子的耐性是由 父母决定的

　　有些家长面对不愿接受延迟满足的孩子时，就从性格的角度给孩子下定义。例如：任性、软弱、懒散等等。他们完全没有意识到，孩子的性格是受家长生活态度的影响的。此外，这种生活态度也反向影响着家长对孩子的教导风格。

　　关于性格和成长的关系，爱因斯坦曾说："一个人智力的成熟主要依靠的是性格，其次才是博学和智慧，但是这一点常常超出人们通常的认知。"事实也如此，比如我们面对爱冲动的人，会说他性格不成熟，其他的能力也受到影响。现在我们来看看，家长生活态度的几大类型、表现、对孩子的影响，以及解决方法。

　　美国著名心理学家简·尼尔森把人的生活态度取向归纳为四种类型：安逸型、控制型、取悦型和力争优秀型。

　　安逸型：当自己和自己周围的人都舒适的时候，自我感觉最好。若是自己或他人情绪紧张、表情痛苦，自我感觉也会十分糟糕。

　　此类型的家长会让孩子觉得随和、可亲。他们也的确会宽容孩子的一些错误行为，甚至对孩子放任自由。孩子在这样的环境下长大，可能会变得任性、懒散。因此，安逸型的家长应该尝试通过制定规矩、陪孩子一起解决问题等方式去培养孩子的性格。

　　控制型：当事情条理清晰、井然有序，且在自己的可控范围内时，自我感觉最好。如果遇到自己认为应该完成很好的事情却出现了差错，遭到批评或嘲讽时，自我感觉最差。

　　此类家长会向孩子们讲述许多规矩，并训练他们的组织和领导能力。但是会经常犯管控过多、过严的毛病，导致孩子叛逆或任性，无法形成有效的教导。

　　家长面对这样的情况，首先应该发问自己：是不是自己管控得太多，才导致孩子放不开手脚，所以连连出错；是不是以自身为标准对孩子要求太过分，让孩子无法达到，所以导致了孩子放弃等等。

　　当此类家长反思清楚后，就应该学会适时放手、循序渐进、以沟通探讨的教导方式面对孩子，这样才能有利于孩子接受理解。

　　取悦型：自己能取悦他人并化解矛盾，使自己感到愉悦和轻松时，自我感觉最好。当遇到他人的排斥或轻视时，自我感觉最差。

　　此一类型的家长善于让孩子学会宽容、友善，因为他们希望大家都开心。但是他们过于讨好的行为会压缩孩子成长的空间，反而会影响孩子能力的提升。如果他们的给予能把握得松弛有度，教导就会更有效。

力争优秀型：自己取得成功并对他人有巨大帮助时，自我感觉最好。当觉得自己一无是处时，自我感觉最差。

此类家长能为孩子树立成功的榜样，而且掌握一些激励的方法，但是也会给孩子设定过高的目标，让孩子产生无能为力的感觉。因为孩子的能力有限，就算为此拼尽全力也未必能达到你的要求。你应该原谅孩子的失败，或者帮孩子选择一件他能做好的事情去做，且倾听孩子解决问题的想法，以帮他找到捷径。在鼓励与帮助下，孩子才有可能做到优秀。

每种类型的家长身上都自带优缺点，通过反思和改变，就会让孩子不断完善，从而形成健康而独立的人格，在延迟满足方面有属于自己的见解，并在实践的过程中勇于探索、敢于担当，让自己的一生充满无限可能。

4. 独立的孩子更愿意等待

著名管理学家杜拉克曾说："这个世纪最重要的事情是人类生存状况的重大改变。人类拥有更多的选择。"因此孩子必须学会自己解决问题。例如挑选自己的老师、学科；制定学业规划、合理分配时间等等。

事实也正是如此。让孩子学会自己解决问题，孩子才不会像巨婴一样，凡事依赖别人，而且情绪急躁。这种不愿接受延迟满足的表现，会让他在理想面前无所适从。为此，家长要把培养孩子解决问题的能力作为重中之重。

下面我们来分析培养孩子这一能力的步骤和作用。

第一步

当孩子遇到了问题，要先让孩子意识到问题是什么。可以让他自己分析，他若能说清楚，自然明白自己遇到了什么问题，此后才能对症下药。所以，认清问题是解决问题的首要条件。

第二步

父母要引导孩子去思考解决问题的方法，而不是直接告诉孩子解决的方法。也许孩子要思考很久才会找到办法，但是这个办法是孩子自己想出来的，他不仅不容易忘，而且用起来更得心应手。

王涛每次考试前都会大量地记忆文学常识，可是成绩却始终中等。父亲看他很苦恼，对他说："你仔细想想，问题是出现在背诵方法上还是答题技巧上？"

王涛认为自己在两个方面上都存在问题。考试复习时主次不分，所以重要知识点记忆不牢；答题注重全面，却不深入，在阅读理解上丢分严重。

在清晰了自己的问题后，他开始有针对性地弥补不足，先是按知识点的主次记笔记，再向高分同学询问答阅读理解的方法，最终得到了满意的成绩。

王涛找到自己的问题后及时改正终于获得了高分。这就是家长让孩子自己思考方法的重要原因。每个人的方法都是根据自己量身定做的，用起来更奏效。所以我们应该引导孩子找到适合自己的解决方式。

第三步

让孩子列出几个解决问题的方案，分析这几个方案的优点和缺点。孩子经过了这一过程，就知道该如何做决策了。

第四步

孩子自己尝试决策的事情。因为体验了决策的过程，就知道自己的决策是好是坏，能带来什么样的后果，从而能够进行改善或者尝试新的方法。

第五步

经历过以上四步后，孩子会逐步养成独立思考和解决问题的习惯。这个时候，可以尝试让孩子去面对更大的挑战，这对孩子的快速成长十分有益。

我们用以上步骤和方式去引导孩子处理问题，孩子在面对问题的时候就不会逃避，而是积极主动地去思考和解决问题。这样才能适用不同的环境、处理突发的情况，面对自己的理想这类长远问题时，才有敢于延迟满足的底气，并在进取时敢于开拓创新。长大后，无论在学业上还是事业上都更容易取得良好的成绩。

5. 用鼓励培养孩子
坚持不懈的品质

知乎上有一篇文章叫《我不怕陷入深渊，我只怕无人声援》。文中写："哪怕全世界都对我充满敌意，只要我最亲近的人依旧能够支持我，就已经足够了。"对于大多数孩子来说，最亲近的人就是父母，所以孩子是否选择延迟满足与父母关系重大。

可是许多家长选择了打击教育。例如，总是将别人家的孩子和自己的孩子对比，把孩子说得一无是处；孩子做事时总是挑剔指责，不承认孩子的努力。这不仅会让孩子失去做事的动力，更会让孩子形成自卑的心理。因此父母应该给孩子鼓励和肯定，他才会自信，并对要解决的事情充满斗志。

但是有一些教育学家认为，鼓励会捧杀孩子。那是鼓励的方式和方法出现了错误，并不是鼓励本身的问题。美国育儿专家吉若特指出"称赞就像青霉素一样，不能随意用，否则可能引起不良反应。"现在，我们就去看看鼓励孩子的技巧。

了解孩子所做的事情

家长夸奖孩子就像批改作文，要具体细致地指出哪里好、为什么好，否则一句"你很棒"，只能转化成孩子的喜悦，却无法转化为成功的动力。因为他不知道自己究竟哪里做得优秀，以后就没有努力的方向。为了不让这种现象出现，你可以夸赞孩子文章中的用词、写作手法、立意等，孩子以后写作就会注重这些方面的提升。

夸赞孩子的努力程度

家长鼓励孩子的目的是让孩子不断地完善。因此除了夸赞孩子所做的事情，还要夸赞孩子的努力程度。这样会为孩子带来持久努力的动力，孩子才会变得越来越好。

不要嫌夸奖的事件小

有些家长知道鼓励孩子应该具体，但是又怕鼓励的事情太细小了，会被孩子忽视。其实孩子的心思和家长不一样。例如，你夸张孩子的绘画作品很漂亮。他的想法是：我的造型能力很强，我可以画出更好的作品。其实，在你眼里很小的事在孩子眼中都可能十分重要。

事前鼓励

许多家长习惯在事后夸奖孩子。有时候，我们预见到孩子可能不喜欢某事时，也可以进行事前夸奖，可能会收到意料不到的效果。

一个小男孩感冒了，母亲带他去医院输液。母亲发现孩子很害怕输液时的针头，就对护士说："我儿子很勇敢，上次踢球摔伤膝盖，我用酒精给他消毒，他都不哭。作为一个坚强的男子汉，他不可能害怕输液。"然后医生走向男孩，男孩居然主动伸出了手臂。护士对男孩的表现赞不绝口。从那以后，男孩再也不怕输液了。

母亲事前鼓励男孩，男孩才敢主动去接受输液。这种作用就好像一些学校在考试前会给学生召开誓师大会，告诉学生们在考场上要勇往直前，防止学生上考场后怯场。简言之，家长要根据目的选择鼓励孩子的时机，这才会给孩子带来极大的帮助。

适度鼓励

鼓励会增强孩子的自信心，但必须要适度，否则会起到相反的效果。例如，总被表扬的孩子自尊心极强，害怕被指责，无法正视自己的错误，抗挫能力极差，过度在乎别人对自己的评价，很容易出现沮丧的情绪。此外，我们的鼓励有时候可能是错的，这会误导孩子。像是孩子参加一些危险的活动，我们就不能鼓励孩子无惧无畏，这样可以防止孩子受伤。

孩子的自我意识还不健全，所以家长使用鼓励一定要慎重。不仅要点燃孩子的斗志，还要告诉他哪些事不应该做。如此他才能在选择了延迟满足以后，一步一印地前行，不因激进或错误适得其反。

6. "风雨"并不是延时满足的阻碍

有些家长认为，挫折会拖长孩子成长的时间，让延迟满足的实施受到阻碍。这是曲解了延迟满足的意义。一位心理学家认为，延迟满足不是单纯地让孩子学会等待，而是一种克服当前的苦难情境而力求获得长远利益的能力。

所以家长要让孩子经历一些"风雨"，否则孩子就像温室中的花朵，有一天离开父母的保护，很难应对残酷的现实。可是并不是所有的"风雨"过后都能现"彩虹"。因此家长还要选准孩子吃苦的类型，这才能为他们的健康成长筑起牢固的防线。

吃孤独的苦

有人说，成长就是一场渐行渐远的修行。的确如此，孩子为了理想会离开父母；父母因为年龄的增长也不能一直照顾孩子。因此，孩子要学会吃孤独的苦。

关于孤独与成长的关系，我们来看著名作家麦家是怎么阐述的。

麦家在电视节目《朗读者》中朗诵了一封给儿子写的信，现场观众潸然泪下。信的内容大致如下：

儿子，当你看到这封信时，已在地球的另一端。地球很大，我们太小了，但我们不甘于小，我们要超过地球，所以你出发了。

这是一次蓄谋已久的远行，我们都用了十八年的时间做准备；这也是你命中注定的一次远行，有了这一天，你的人生才可能走得更远。

我没有到过费城，但可以想象，那里与杭州大同小异。也许最不同的是你，你从此没有了免费的厨师、采购员、闹钟、心理医生。

你的父母变成了一封信、一份思念，今后一切你都要自己操心操劳，饿了要自己下厨，乏累了要自己放松，生病了要自己去寻找医生。这一下，你是那么的不一样，你成了自己的长辈。

我爱你，真想帮你化掉成长中的风雨。但这是不可能的，即便可能，我也不会这么做。为什么？因为那样的话，你的人生必定是空洞的、弱小的，至多不过是一条缸里的鱼、盆里的花、挂着铃铛的宠物。

"这一下，你是那么的不一样，你成了自己的长辈。"这一句道尽了孤独对成长的意义。其实麦家也不忍这样做，只是他不想让儿子成为一条缸里的鱼。这就是"父母之爱子，则为之计深远"的一种表现。孩子只有吃孤独的苦才会有更多的生存技能。

吃基本功的苦

就从当下的学习上来说吧，能为孩子减负的产品太多了。例如解题宝典、高分秘籍、押题密卷等等。但事实证明，没有扎实的基本功，技巧很难发挥作用。因此，要苦练基本功，否则会在众多的方法论中迷失方向，不进反退。

吃坚持的苦

曾有一个叫"励志小熊"的视频在微信朋友圈刷屏。视频拍摄于俄罗斯，熊妈妈带着熊宝宝攀爬陡峭的雪山。熊妈妈轻松登顶，而熊宝宝几次半路滑了下去，还有一次与登顶只一步之遥，却又滑了下去。但它没有放弃，反复尝试，最终沿着母亲留下的足迹爬上了山顶。

在这个过程中，熊妈妈为什么不帮助熊宝宝？因为它知道，如果不让熊宝宝练出翻越雪山的本领，以后熊宝宝面对食物缺乏的情况，很可能会因此饿死。

我们培养孩子也是如此。孩子这一生一定会遇到需要坚持才能成功的情况，所以早些学会坚持，以后才能更好地面对。

吃失败的苦

许多孩子害怕考试失败。这个时候，家长不应该去斥责，而是安慰。告诉孩子，失败不可怕，最主要的是找出失败的原因，并拿出勇气从头再来。例如上文中提到的小熊，它发现妈妈的足迹是最好的登山路线，这才能靠余力攀上山顶。

如果我们不怕错，并做出改变，得到的是经验；放弃则收获的只能是空白，以前的努力毫无意义。因此要辩证地看待失败才能将其转化为成功的基础。

家长培育孩子就如同培养树苗，不让孩子经历风雨，孩子就不会有延迟满足的能力，很难茁壮成长。此外，家长应该意识到，这些苦中孕育着快乐。比如你战胜了孤独，就不会因孤独有无助感。因此家长要让孩子经历一些风雨，孩子经此历练才更容易拥有美好的人生。

7. 用规则让延时满足顺利进行

在生活中，孩子不懂规矩的现象很多。例如在公众场合大声喧哗、吃饭的时候比长辈上桌还早、不遵守课堂纪律等。只从学习上看，不遵守纪律难免影响学习成绩，增加实现延迟满足的难度，所以家长有必要用规矩保护孩子的成长。

大多家长都知道规则对孩子成长的重要性，但并不知道设立规则也是有原则的，否则很可能出现矫枉过正的情况。

张弛有度

一位教育学家说："有规矩的自由是活泼，没有规矩的自由是放肆。"

例如马儿在马棚里悠然吃草、东奔西跑，这叫活泼。因为他没有破坏规矩，不必严加管教；要是它出了马棚，随意践踏庄稼，就属于放肆或我行我素，只能加以管束。

马儿奔跑和孩子好动的天性一致。要是家长只顾着教给孩子一堆需要遵守的规矩而扼杀了孩子的天性，那么这种规矩就变得毫无意义。毕竟家庭教育的目的是让孩子健康快乐地成长，这需要将培养建立在人性与合理的基础上。

要有底线

一些家长给孩子立了规矩，但是孩子一哭，心就软了。于是孩子学会了故技重施，让家长一而再地降低底线。

例如，家长原本与孩子约好的只能玩半个小时手机，可是孩子一哭，又让他玩了半个小时。家长的一再妥协，会让孩子变得急躁任性，这会给自己和孩子带来很多的麻烦。

奖惩清晰

规矩如果没有奖惩做依托，很容易被破坏掉的。尤其是对于孩子，他们很多行为的养成都是在外力的作用下逐渐建立起来的。而清晰的奖惩对于孩子掌握行为的边界有很好的约束作用。能够很好的帮助孩子养成好的习惯。

有些事，让孩子自己做

家长对孩子万事包办，对培养孩子解决问题的能力非常不利。而且，有些事情家长是无法包办的。

例如，一个住寄读学校的孩子感冒了，给母亲打电话，让母亲快递点感冒药过来。母亲让他自己去医院检查，因为她快递过去的药未必对症。由此可见，有些事必须让孩子自己去做，才能让事情得到更好的解决。

文明举止

有些孩子喜欢用粗鲁的行为让别人听从自己的意愿。例如骂人、打人。这样的行为是一定要禁止的。而且要引导孩子反思自己行为带来的后果，这样有助于孩子提高认识。

不可随意拿别人的东西

有些孩子面对自己喜欢的东西，不管是谁的，伸手就去拿，还想据为己有。此时家长要帮助孩子建立自己与他人的界限，孩子长大后才不会因为乱动他人的东西，让别人觉得缺少教养，从而影响了人际交往。

不要随意打扰他人

当孩子有喜悦或烦恼的事情时，总想马上告诉父母，不管父母在做什么都会毫不犹豫地打扰。这些行为到孩子成年以后，会影响他适应集体生活。比如在单位的重要会议上反复阐述自己的观点，完全不顾及领导和同事的感受，则容易引起领导和同事的排斥。

因此，父母要有意识地帮他改掉这个习惯。在他下一次打扰时可以问他："如果你是老师，你的学生上课总说话，你会不会生气？"让孩子学会换位思考，让他知道打扰别人是不对的，然后再给他立规矩。

这样的规矩能让孩子学会尊重他人。知道如何把握与他人交往的时机，有利于建立良好的人际关系。

给孩子立规矩，是在保护孩子天性的前提下，让孩子学会不放纵、不任性、尊重他人，如此才能让延迟满足的能力充分发挥，从而更好地成就孩子的未来。

第二章

时间规划是延迟满足的前提

1. 延迟不等于
不守时

　　许多家长深知延迟满足的目的是靠自控力去实现更大的收获，而不是用不守时的行为降低做事的效率，造成不良的影响。曾经有一位家长每天九点让5岁的孩子洗澡，可是孩子收拾玩具就花去了半个小时，洗完澡就过十点了。晚上睡得晚，早上起不来，上幼儿园总是迟到。

　　类似的场景，相信众多家长再熟悉不过了。不守时带来的危害何止迟到这一项。比如起不来吃不上早饭、磨蹭完不成作业、错过一些重要活动、急匆匆赶作业导致错误连连等等。如果家长不能让孩子从小就养成守时的好习惯，孩子长大后受到的危害会更大。

　　有些公众人物因为不守时，给人留下了不负责、不尊重他人的印象，也会给自己造成了经济上的损失。孩子不守时给别人留下的印象也一样。因此，家长帮孩子养成守时的习惯尤为重要。

　　下面，我们先来看孩子不守时的原因，然后再谈解决的方法。

认知心理学认为，每个人的时间观念是由他的时间知觉决定的。所谓时间知觉，是指人对事情发展的顺序性和持续性的直觉反应。这种直觉不是孩子先天就有的，是随着孩子感知能力的增长而慢慢形成的。大多数孩子的时间知觉要到三岁左右才开始萌芽。可见很多孩子不守时的原因是没有对于时间的观念。

我们知道了孩子不守时的原因，就可以通过以下方法帮孩子进行改正。

让孩子知道时间的长短

妈妈和5岁的大牛约定，下午五点在幼儿园门口碰面，然后带大牛去一家培训机构学习英语。可是到了五点半大牛才姗姗来迟。妈妈问他为什么迟到了那么长的时间，他说是与小朋友去踢球了，不知道时间为什么过得那么快。

母亲认为他是在为自己的贪玩狡辩，本想批评他一顿，但因为要带大牛赶往培训机构，只得暂且作罢。

其实孩子真的不是贪玩，他是真的不知道半个小时究竟有多长，可以完成哪些事。此外，人们的时间知觉受情绪、任务难度的影响会导致误差，作为大人的我们尚且难以做到精准，更何况处在时间知觉萌芽期的孩子。为此，家长可以给孩子准备一个定时器。当孩子做作业、绘画的时候，家长用定时器给孩子规定好时间，当规定好的时间快结束时，用语音进行提示。这不仅能帮孩子树立时间观念，还能督促孩子提高做事效率。

理清时间顺序

一年级的小男孩乐乐放学后回到家，写了三分钟作业，拿起橡皮泥玩了五分钟；被母亲训斥后，又写了几分钟的作业，随后上厕所；回来后，又写了几分钟作业；然后去客厅打开电视，开始看动画片。结果半个小时就能做完的作业用了一个多小时才得以完成。

乐乐这样的行为就属于不了解时间发展的顺序，所以做事毫无条理，效率自然不高。为此，家长应该让孩子先记录一天所要做的事情，然后帮孩子梳理做事的顺序，并规定相应的时间，这样孩子会越来越守时。

早做准备

当孩子和别人约好了在某个时间去做一件事的时候，父母应引导孩子提前10分钟做好准备，以免因时间紧迫而手忙脚乱。否则一旦忘了东西还得回家取，更加浪费时间。

给孩子讲一些守时的故事

这些故事不仅要让孩子知道守时和不守时的利弊，还应让孩子明白"守时"代表着"守信"，是一种美德，应该坚持去做。

信守承诺

家长应告诉孩子，答应别人的事一定要及时兑现，就算没有什么意义，也应该遵守约定。久而久之，孩子会通过这些约束养成守时的好习惯。以后面对重要的事情时，才不会因为拖延而错过或失败。

制订计划

孩子上小学以后，家长可以根据孩子的学习进度帮孩子制订日计划或周计划，让孩子明白如何管理时间。

高尔基说："世界上最短、最容易令人后悔的就是时间。"因此孩子的延迟满足也必须有期限。这就要求父母为孩子精心安排如何利用时间。但是帮孩子养成守时的习惯是一件循序渐进的事，家长既要讲究方法，还要态度平和有耐心，这样孩子才能养成终身受益的好习惯。

2. 四种学习认知模式类型
孩子的时间规划法

　　有些家长花费大量时间研究哪一种时间规划法更合理。反而忘了"适合的就是最好的"这句话，最终给孩子带来的结果只有延迟，而没有满足。

　　何谓适合呢？就是规划要符合孩子的类型，否则很难促进孩子能力的提升。

　　教育界把孩子学习认知模式分为以下几种类型：认知型、模仿型、开放型和逆思型。下面我们就来看看几种类型的特点，以及如何进行规划。

认知型

　　这种类型的孩子很自我。要是家长指责他。他不会反思自己的错误，而是觉得家长不喜欢他。简言之，这种孩子的所有感受都是以自己为中心的。

　　但是这种孩子的探索欲很强，在生活和学习上属于目标导向型。家长为他制定规划时，要目标明确且步骤清晰。要不然这种孩子很容易迷恋上游戏。因为他的探索欲、目标感，在玩游戏的时候更能得到满足。

此外，孩子在执行规划的过程中，家长应该时不时更新孩子在学习上的方法，让他在探索欲的驱动下，不断地尝试和完善技能。

模仿型

这种类型的孩子拥有着超强的复制能力，但是辨识力和创造性不足，对好与坏的知识不能分辨、好坏兼收，也无法把知识转化为能力。为此家长应该为他找优秀的榜样让他去参考，并给他制订一个短期的学习计划表。计划表上要让他把学到的东西转化为自己的东西，这样他才算学会了应用。

小蕾会背很多唐诗。有一天，语文老师让全班同学仿照李白的风格给朋友写一首诗。小蕾因为创造能力差，只能寻求妈妈帮助。妈妈说："你就照着《赠汪伦》那种简单直白的风格去写吧，我都帮不了你。"

小蕾尝试着改写了一首。母亲给的评价是：语言流畅、感情真挚。小蕾得到母亲的夸奖后。觉得创造是一件十分有趣的事，通过反复的练习，慢慢地养成了把知识转化为自身能力的习惯。

我们见过太多拥有超强复制能力的人了。很多从小能背诵字典、《杜甫全集》的神童，长大后却流于平庸。关键就在于，家长在孩子的时间规划上，没有像小蕾的家长那样，给他安排转化知识的时间，所以对前人没有超越，很难脱颖而出。

逆思型

这种类型的孩子天生喜欢挑战和竞争。因此，家长给他制定的规划应该让他有逐渐升级的感觉，并给予奖励。这个奖励也不要一次性满足，而是按照孩子规划中的不同阶段，去给予相应的奖励。像是任务多、难度大的阶段则奖励多。

除此之外，鉴于孩子的类型，家长在规划的起始阶段不要给孩子设置过重的任务。当他轻视任务的时候，就会主动去挑战有难度的任务来满足自己的成就感。这种性格能不断提升他延迟满足的能力，从而实现远大目标。

开放型

这种类型的孩子基本上什么都能学会，而且耐力极强，实现目标的概率非常高。但是他们不太擅长表达自己的想法，家长只要按照传统的规划方式要求他们就可以。要是想让他们快速提高，可以直接加大他们的训练量。但要注意的是，在督促的过程中不要用过激的言语。他不善于表达自己的想法，所以会用消极的态度面对你的督促。

四种学习认知模式类型的孩子已经介绍完了。一些家长会发现，自己给孩子制定的规划是没符合孩子的类型，所以孩子延迟后却没能实现预期目标。要是家长还学不会因人制宜，孩子很可能会因挫败而放弃，培养孩子延迟满足的能力就更无从谈起了。

3. 制定时间规划的
四大原则

家长想用时间规划去提升孩子延迟满足的能力，却不懂制定时间规划的四大原则，就会犯战略上的错误。此后运用的时间管理方法越多，给孩子带来的压力越大，最终无法实现目标。为了不让这种现象出现，我们马上来看看如何通过四大原则做出合理的时间规划。

效率第一

有些家长认为，给孩子制定时间规划的终极目的是让孩子拥有更多的学习时间。率先想到的办法就是压缩孩子的其他时间。比如，为了让孩子有大量的时间学习，减少孩子的睡眠时间、不许娱乐、吃饭加速等等。

这也是一些学生经常使用的时间规划法。可是对于有些孩子来说，老师上课就占据了很多时间，再加上作业，就已经用去了他绝大部分的时间。他就算使劲压缩，挤出来的时间也很有限，对成绩提高帮助甚小。

还有一种情况，就是有些孩子在校园的学习已经让他精力殆尽了，即便再挤出一定的时间，也很难再吸收知识了。

这样的疲劳作业会让孩子失去学习的兴趣。因此，教育界倡导"效率第一"。采用的方法有抓住要点、举一反三等教育方式。如此才能让学习变得轻松而高效。

做最重要的事情

家长为孩子制作时间规划时，有一点必须牢记：每个人每天只有24个小时，再压缩也是有限的。但是时间的使用效率却是可以成倍提高的。所以我们想如何替孩子规划时间的时候，率先想的是怎么才能提高时间的利用效率。

一位教育专家建议，不要让孩子把所有的事情都做一遍，而是一直在做最重要的事情。就以看书为例，孩子有很多本资料，但一定有一本是最重要的。孩子浏览所有资料取得的效果，通常不如精读一本的效果好。因为精读一本往往会使得他对这本书的内容印象深刻，更有利于答题。而全面浏览则会导致整体印象模糊，答题因此犹豫不决，严重影响发挥。

懂得借力

家长想让孩子高效地利用时间，一定要让孩子学会借力，而不总是单单靠自己去解决问题。有时候孤军奋战不仅会付出巨大的成本，还有可能不奏效。

一位父亲要求孩子把院子中间的石块搬到墙角。孩子用尽全力也没有把石块搬起来。他无奈地对父亲说："爸，我已经尽力了。"

"不，你没有尽全力。"

孩子一脸疑惑地看着父亲。

父亲说："因为你没有求我帮忙。"

案例中的孩子如果求父亲帮忙，父亲可能站在院子中间就能把石块扔到墙角，可是孩子拼尽全力却做不到。所以，家长要告诉孩子在解决问题的时候，该找谁帮忙，借助哪些工具，这样孩子才不会浪费大量的时间和精力。

量力而行

孩子会遇到一些很有价值却超出能力范围的事情，可是却情愿在这件事上花费大量的时间，以至于有能力解决的事情都没有做。例如，中考的数学卷上，最后一道题通常最难，分值最大。有些学生就先去解决它，并以为解决它以后，前面的题会迎刃而解。可是做完它，才发现时间不够答前面的题，而且自己也不敢保证最后一道题就做得正确。

因此，如果我们想让孩子提升效率，就应该先求稳，再求难。此外，在时间的使用上我们也应该掌握一个尺度。例如，孩子阅读一篇英语短文最快要20分钟，你则可以给他半个小时的阅读时间，用充足的时间来保证他们正确率极高地完成任务。这会逐渐提升孩子学习的信心和动力。待孩子能力有所提升，再提高标准，这样孩子才能真正高效地利用时间。

　　家长切记，培养孩子延迟满足的能力，首先要保证的就是，孩子能够按照你的规划长期执行并且坚持，不会因效率差而收获甚微。否则孩子会找不到延迟的意义，你的规划难免落空。

4. 用最终目标去
规划时间

一位家长对孩子说："你要是减掉30斤，体重就达到标准了，我希望你用一年时间实现。"尽管孩子当时不耐烦地答应了，可很快他就发现孩子在深夜偷吃零食，并没有真的按照他的要求减重。于是这位家长找教育专家询问原因。

教育专家说，你以延迟满足的目标去规划时间没有错，但是你没有精心制定目标，所以相关的规划就都错了，孩子自然无法执行。

该家长大吃一惊，他没想到目标还需制定。待教育专家给他讲解完该如何制定目标后，他才意识到自己的错误，原来他制定的目标缺了以下要点。

目标要具体

上文中的家长让孩子用一年时间减去30斤，时间、任务都有了，看似很具体，实则却很模糊。因为这其中缺少对孩子行动上的指向，孩子不知道该通过什么方法来减重。所以不如交代具体做法。比如每天跳绳一小时，或者慢跑一小时。

目标要可衡量

一个孩子究竟该掌握多少词汇才算成功呢？这是无法衡量的。因此一定要加上一组数据维度。例如，孩子的年龄、每天学习英语的时间、掌握单词的难度等等。如此，你才能知道自己给孩子规划的时间是否正确。

评估目标的难易程度

有些家长让孩子每周读5本书，却不说书阅读的难易程度，这就属于不会制定目标。要是漫画书，孩子可能两天就读完了；要是科普或文学读物，可能两周也未必能读完一本。这样脱离实际的时间规划，大多会造成两种后果：孩子每天用少量时间看书，大量时间玩耍；看不完，却谎称看完了。因此，家长给孩子做规划的时候，一定要先评估任务的难易程度，再提出合理的要求。

目标要和其他目标相关

家长要谨记，目标不是一个孤立的点，而是与其他目标有着诸多的牵扯。同时，这个目标也未必是你希望孩子达到的终极目标。例如，你担心孩子在中考前的体育加试中失分太多，影响成绩和以后的录取，所以希望孩子减重。那么，你就应该把这种延迟满足的目标告诉孩子，这样他才会积极地完成你的规划。

此外，注重目标之间的关联性，对制定规划十分有利。依旧以减肥为例，要是你只希望体重不影响孩子考试的成绩，对孩子的训练量不必过度增加。这反而会影响孩子的学习。

一定要有时间限定

一定要有时间限制，要不许多延迟满足都会变得毫无意义。例如，你决定让孩子用四十年时间完成读书任务，那么等到四十年后任务完成，他的年龄在就业市场已经变成了很大的劣势，满腹学识也没有用武之地。所以目标的价值不仅仅是实现，更是要在一定期限内实现。这时你才会把规划做得更具体、更精准。

注重目标的特殊性

许多目标都有特殊性，所以家长要围绕目标的特殊性去给孩子制定规划。我们以语文学科为例，提高语文的最佳办法就是听、说、读、写，家长不能让孩子只阅读书籍，也要注重培养与人交流的能力和写作的技巧。

人们常说，有的放矢，延迟满足的目标就是目的。有了这个目的，方向就更明确，方法也更直接。因此我们要把目标精确化、细化，让目标不只是一个愿景，而是具体的指导方法。有了明确的指向，孩子才会更乐于执行。

5. 当原定计划被耽搁怎么办

孩子原定的计划被延误是常有的事。像是拖延、逃避、磨蹭等行为，能让明明半个小时就能完成的事花费上两个小时。

王丽去一所小学接放学的女儿去学钢琴。在半路上，女儿说肚子疼，要上趟厕所，结果过去二十分钟还没有从厕所出来。王丽冲进厕所，发现女儿正在洗手台前玩游戏。王丽训斥了女儿一顿，待女儿报的班结束后，没有给女儿再续费。她认为女儿不适合学钢琴。

其实孩子的许多错误行为都是有原因的，只是家长没有分析深层原因，才觉得孩子不可救药。今天我们就来总结孩子犯错的原因和解决办法。

表现太差

有些孩子逃避一些事的原因，不是懒惰或不感兴趣，而是因为表现太差，所以担心自己出丑，被他人耻笑。正是这种心态导致孩子得不到应有的训练，所以必然无法实现家长的规划。当遇到这种情况，家长首先要做的是加强孩子的基础练习，而不是直接放弃。

李楠的英语口语很差，所以每次上英语课时最害怕老师提问她。因为她一回答，班上就有同学控制不住笑她。她为了避免这种尴尬，特意和最后一排的同学换了座位。

当母亲来给她开家长会时看到她座位变了，以为她成绩下降或违反纪律了，于是对她大声训斥。李楠低声对母亲说："我的成绩依旧是名列前茅的，只是我怕英语老师总提问我，才主动换座的。"

母亲了解李楠的情况后说："就是因为差，才更应该珍惜老师给的答题机会，并通过练习让同学对你刮目相看。"

李楠后来苦练英语口语，水平得到了很大的提升。

李楠因为口语差才躲避，这从侧面反映出她是希望口语变好的。母亲知道她换座的原因后，告诉她该如何克服口语差的毛病。李楠于是主动去练口语，最后水平大升。这对提高学习英语的兴趣有很大帮助，可以避免家长制定的学习规划被反复延误。

不够沉稳

在一次语文考试中，王刚只看了几道选择题，就觉得题太偏，自己复习的知识全都白费了，一定拿不到高分。于是他草草作答后开始在草稿纸上绘画，最终提前半个小时就交卷了。

父亲看到他的试卷后，说："这试卷上的作文、阅读理解题都不难，你应该认真答。选择题是有些偏，可是你通过逻辑进行判断，是可以答对几道的，这比把所有问题都空着放弃要好一些吧。"

孩子很容易根据眼前的困难判断事情的难易程度，但这样的判断往往是错误的，因此造成了结果的失败或者计划的延误。其实就算判断正确，这时也无须放弃。有时候，答题顺序和答题方法会给孩子提供很大的帮助，孩子依然可以使用以前训练中的技巧在考试中沉着应战。

帮孩子查缺补漏

有些孩子不愿意把自己的不足之处告诉家长，此时家长就应该主动询问或观察孩子哪里有缺漏。然后通过针对性的补习，让孩子尽可能减少薄弱环节，不要延误规划目标的实现。

把写作业当成考试

许多孩子爱在写作业时磨蹭，家长可以让孩子把写作业当成考试，让孩子认真对待，这样孩子才会有紧迫感，进而做每一件事都认真对待。

给孩子参与感

许多家长习惯于用命令的口气让孩子写作业。这样一来，孩子觉得自己是在完成家长安排的任务，从而缺少了自己的参与感，有时难免消极对待，写作业的速度自然就下降了。

家长若是想让孩子有参与感，在与孩子沟通作业问题时，可以把命令变为疑问。比如完成一件事后可以询问孩子，有没有感觉自己哪里出错了？孩子就会主动查找与思考，并与家长探讨，有利于锻炼孩子的严谨性并提高他自身的参与感。

和孩子共同制定规划

家长制定规划务必要让孩子参加，倾听孩子的意见。能力强的孩子可能会主动加大任务量。能力弱的则希望家长给降低任务量。

条理性太差

日常生活中，有些孩子条理性较差，经常会有找不到自己的书籍或本子的情况。为了提高孩子的条理性，可以让孩子自己整理书包，这样他们要寻找书本时就心中有数了，不会浪费过多的时间。

6. 用"番茄工作法"提高学习效率

番茄工作法是一种简单高效的时间规划方法，可以解决孩子拖延、懒惰的问题，能让孩子在改善不良习惯方面获得更大的收获。番茄工作法简单来说就是25分钟的专注工作时间 + 5分钟的休息时间。

比如，让孩子用25分钟写一篇作文，中途不允许做任何与该任务无关的事，直到计时器响起，再让孩子休息5分钟。要是孩子的年龄比较大，可以把这种模式接续使用2～3次。

一定有人会问，为什么是25分钟？这是因为番茄工作法的发明者西里洛发现25分钟是一个人专注与干扰之间的平衡点。如果有一个需要花费一小时完成的任务被打成几段，执行者的精力会分散难以集中，从而影响工作效率。

有些家长会说，孩子集中精力的时间很难达到25分钟。其实这个时间，家长可根据孩子专注的能力来调整。毕竟该方法的发明者最初也没有用那么长时间。

西里洛刚到大学的时候是一个典型的学渣，他比较懒散、拖延。眼看期末考试就要到了，可他多门功课都很糟糕，自己又找不到在短时间内提高成绩的方法，只能选择混日子。但其实，他内心早就厌恶了这种浑浑噩噩的生活，不断懊恼自己之前的放任行为。

有一天，他反思自己为什么成绩如此糟糕，发现是因为自己学习时难以集中精神。于是他找来计时器，强迫自己心无杂念地学习十分钟。他惊喜地发现这种方法让他能够静下心专注学习，成功收获了很多知识。于是他开始逐渐延长专注的时间，最后发明了高效的时间管理方法。因为他使用的计时器形状如番茄，人们就把他发明的方法称为"番茄管理法"。

西里洛采用此方法收获了很多知识。我们家长要是让孩子采用此方法学习，一定也能有一个较好的效果。要是我们还能把番茄工作法与制订给孩子的计划有机结合，相信一定能出现事半功倍的效果。

下面我们来看看将规划和番茄工作法结合使用的步骤。

第一步：列出任务清单

把孩子今天要学习的科目列一份清单。不必标明科目的重要性，也不必划出优先级；在内容和数量上不用限制，只需把自己该学的内容添加进去。这种策略可以保证孩子一直都在全力以赴地学习，而且不会偏科。

第二步：只做一件事

让孩子在25分钟内只做一件事，但是过了这25分钟则可以重新选择要做的事。因为有所选择，此时可把要学的内容标出优先级，保证孩子用最专注的时间做了最重要的事。因为人的精力有限，最初的25分钟要比接续的25分钟状态好。

第三步：休息

有些孩子会在休息的五分钟内刷朋友圈、玩游戏，这种参与度极高的"休息"方式，很难让孩子的思维在五分钟内刹住车。等他再开始学习的时候，精神很难集中到书本上。而且这种休息方式无法对孩子起到放松的作用，很难让孩子回复状态。此外，因为休息的时间只有短短的五分钟，在这段时间里应该尽量让孩子避免高强度的脑力活动。哪怕孩子完成的任务已经超出了你的预期，也要制止他玩游戏。你可以让他做伸展运动、眼保健操，也可以让他去喝一杯水，放松一下紧张的心情。

第四步：记录和总结

孩子完成了一天学习任务后，家长可以给他再设置一个番茄时间对当天的学习内容进行记录和总结，这样才能清楚得失，从而不断改善、不断提高。此外，记录还能直观告诉孩子什么时间的效率最高，什么时间效率低下。这样的反馈能帮助孩子调整好学习的时间，可获得更高的效率。

家长切记，让孩子接受延迟满足的关键就是让孩子知道你的方法奏效。要是还省时省力，孩子就更乐于接受了。尤其是当他靠这种方法获得了一定的成绩，他就有可能主动去挑战更高的目标。这才是家长培养孩子提升学习效率的终极目标。

7. 针对考试做时间规划

孩子最漫长的延迟满足莫过于考试。有些家长只知道让孩子努力，却不帮孩子制订考试计划，孩子很可能因一段时间学习的徒劳无用而气馁。因此，家长需针对孩子的考试制作计划，让孩子在紧张有序的状态下持续学习，最终获得高分。

我们就大多数的孩子来谈如何制订考试计划。这些孩子可能只是一科或两三科不强，因此，我们制订的计划不必包含所有科目。下面我们以语文为例，来看给孩子制订计划的方法。

目标

先给孩子设立一个大目标。例如，把语文成绩提高到130分。再给自己设立一些具体的小目标，比如作文再提高五分、阅读理解提高10分等等。并且给任务设置一个期限，给孩子增加一些适当的压力。

评估

先评估孩子当下的分数。随后看看孩子与目标分数相差甚远的主要原因。有些家长不阅读孩子的试卷，就让孩子主要关注分值高的部分，认为这样抓大放小是最合适的策略。就像是语文考试中的阅读理解和作文，很多家长认为只要这两项做好，语文分数自然就高。但有些孩子这两部分已经做得很好，没有上升空间了，家长就应该帮他制订符合孩子本身情况的计划提升其他薄弱的部分，例如针对古文翻译、诗歌鉴赏等小的得分点的复习计划。

方法

只有掌握了正确的方式方法，学习才能够事半功倍。如果我们让孩子学习古文，只是让孩子阅读古文是远远不够的，还必须给孩子制定一套合理的学习方法，比如增添一些故事，强化对于文章意思的了解；尝试让孩子对古文进行仿写，等等。这些方法都能在一定程度上加深并拓展孩子的记忆与联想能力，只有进行了这些方面的提高，孩子才能在考试中发挥更好，否则他很难把固定的知识转化为分数。

调整

家长每过一段时间就要看看孩子成绩提高的幅度是否符合预期。如果不符合，要观察是哪里出现了问题，并及时调整计划。例如一个孩子做了一个月的阅读理解，审题的速度却依旧和以前一样慢。这时通过观察就会发现，他的问题未必是阅读慢，很可能是不懂审题的方法和技巧。这就需要家长给他提供一些方法论方面的书，而不是继续加大他的阅读量。只有在适当的时机进行适当的调整才能让孩子的学习更加顺畅。

意外

给孩子制订计划时还要考虑意外的因素，例如伤病、教改、经费不足等等。因为这种突发事件不仅会影响计划的进程，甚至会让计划失效。家长考虑好这些以后，才能更全面地进行规划，保证计划的正常实施。

学习相关的知识

只是一味学习书本上的知识在如今的教育体系下显然已经不够用了。以语文的阅读理解为例，很多文章内容的选择涉及历史、生物、地理、政治等各种不同学科。孩子想要提高做题的准确性和速度，了解相关学科的知识十分重要。但是这些内容的学习总归是次要的，切不可安排得喧宾夺主。

借力

有些科目，孩子靠一己之力很难快速提分。家长可以考虑借用外力帮助孩子提高。

小军是一名初二男生，每次语文考试，古文部分都得分不高。母亲给他买了《古文观止》，让他每天读半个小时。可是孩子自测时，分数却没见提高。母亲反思，自己只知道《古文观止》里的一些篇章会出题，可自己不知道怎么考，也不知道哪些是高频考点，让孩子自己学习等于大海捞针，不如给孩子找有经验的老师作讲解。

母亲给小军找的老师，不仅给他讲了考点，还帮他扩展知识。比如讲《忆江南》时连带讲述两汉时佚名写的《江南》，并比对两首诗的写作手法。让小军受益匪浅，古文成绩得到了快速提高。

许多家长都遇到过案例中的情况。改变的关键就是家长要把自己在孩子考试计划中的角色做好定位，不要妄自尊大。因为有些知识家长也不懂，最好还是给孩子找一个经验丰富的老师。家长只需辅助老师查看孩子对知识的掌握程度。

此外，家长可以帮孩子查找适合考试的学习资源。如果自己无法分辨资料的好坏，可以咨询孩子的老师。

缓解

家长给孩子制订的计划中应加入休闲和运动的时间。但是应随着考试的重要性和考试的紧迫性来进行调整。

切实

有些家长给孩子制订的考试计划项目多，耗时长，执行起来非常吃力。其实家长没必要把孩子正常上课的时间也计划在内。一是听课是获取高分的关键，孩子没必要执行计划；二是孩子上课时也没有时间执行规划。

孩子考试的成绩和学习的动力都与家长制订的计划有密切的关系。好的计划让孩子实现了延迟满足，看到了成果，这时他会更愿意执行计划，并主动提升计划的灵活性，让自己获得更大的满足。等到制订计划和执行计划成了孩子的一种习惯，一定会让孩子受益终身。

8. 为了目标随时调整计划

孩子所学内容、身心状况、学习时间等都在改变，所以家长给孩子制定的学习内容也要改变，否则孩子很难实现延迟满足的目标。

下面我们就来看看，家长应该从哪些方面为孩子调整计划。

时间

孩子若出现以下几种情况，家长应该及时给其调整时间。一是学习情况和任务有变化，二是原来的学习计划时间分配不合理，三是对自己学习能力估计有误，四是对自己学习的最佳时间认识有误。在以上几个方面中，孩子最容易犯的错误就是高估了自己的学习能力。

马明还有一个月就要中考了。可是政治还没有复习。他想，政治内容不多，再加上考试之前再背知识点可以让记忆深刻，所以并不着急。

很快据中考就剩半个月了，他开始背政治。可是背政治的时候，又担心忘了其他科目的知识，于是又复习其他科目，结果政治只是匆匆地读了两遍。

中考时，马明因为紧张，再加之对政治记得不牢，很多题都不会答。最后因政治成绩过低导致没考上重点高中。

父亲让他复读，并调整了他的学习计划，让他在考前两个月内，前45天每天都看一小时政治，临近考试的半个月每天看两个小时。额外时间学习其他文科知识，理科不再复习。最后马明如愿考上了重点高中。

马明高估了自己的记忆能力，导致政治低分没有实现目标。父亲为他调整学习计划，是因为知道，政治需要反复背诵才能记忆深刻。此外，政治知识不多，不用花费大量时间记忆。至于最后半个月内放弃对理科的复习，因此这段时间文科提分远远超过理科，因此要把精力集中在复习文科上。马明正是有了这样针对性极强的学习计划才考上重点高中。

调整任务

许多孩子学习失败的原因都是对学习任务估计错误。最常见的问题就是看的参考资料过多而且质量不高。因此，最好选择老师指定的参考书，或者符合考试出题标准的正规参考书。

调整顺序

在学习顺序方面，家长可以从孩子不合理的学习方式和习惯入手，在不合理的科目安排上率先进行调整。例如，很多孩子选择上午学英语，因为此时大脑经过一夜的休息，记忆力最强，学英语的效率最高。要是放到晚上，孩子用了一天大脑，记忆力差，学习效率低下。此外，身体也十分疲劳，不适合学习英语。因此，家长需要根据孩子所学科目的特点为其调整学习计划。

调整目标

所谓调整目标，并非让孩子更改目标。如果你希望孩子将来考上重点大学，这个目标不可改，但是所选专业是可改的。因为孩子通过学习会对原定目标产生新的评价和认识，如果认为当下目标不合理，无法实现自己内心的满足，家长就应该根据孩子的诉求去进行调整。

小静是一名初二女生，数学成绩很差。父母找了老师为其辅导数学，希望她能考上重点高中，可是她没有任何长进。小静与母亲说："我想学美术，因为我听说，艺术类院校文化课分低。这样我就算没考上重点高中，将来也能考进一所重点大学。"

母亲同意了小静的要求，并帮她找了全市最好的画室。小静最后考进了天津美术学院。

小静的短板是很难弥补的，所以家长为她调整了目标。这样她则很好地避开了短板，并且实现了考进重点大学的目标。要是不调整目标，其他的调整对达到延迟满足最后的满足阶段来讲都没有意义。

调整措施

家长应根据孩子的学习效果去调整学习措施。保留高效的，淘汰无效的，并根据学习任务的变化增加需要的，以保证孩子一直有学习动力。

第三章

没有专注力，延迟等于浪费时间

1. 打造有利于孩子
   专注的环境

高成在自己的房间里学习，母亲和好友在客厅打麻将。高成戴上耳机，隔绝了声音，但是母亲的好友吸烟，烟雾顺着门缝飘进了高成的房间。高成对此十分生气，但是强忍着没有出声。到了晚上十一点，母亲和好友还在玩。高成终于忍不住了，走到客厅，大声说："你们还有完没完。"

母亲的几位好友走了。母亲指责高成不懂礼貌。

类似高成母亲的家长有很多。他们意识不到自己的行为会影响到孩子，而这种影响必然会减缓孩子实现自我价值、自我满足的时间。那么，家长应该如何做才能打造出有利于孩子专注学习的环境呢？

温馨

有些家长看到温馨一词，马上想到的是孩子房间的色彩、装饰物、采光，其实这只是温馨的一部分，它还包括家长的共情力、情绪、价值观等。尤其是共情力，家长有共情力才能学会换位思考，明白自己的哪些行为干扰了孩子的注意力，而不是像上文中的家长站在礼仪的角度对孩子大声训斥。孩子受到训斥情绪必然浮动，很难继续专心致志看书。

此外，家长若是在孩子的一些选择上没有共情力，孩子在面对自己不喜欢的事物时，也很难有坚持下去的信念，甚至会因此产生逆反情绪。

给孩子准备一个独立的空间

孩子在独立的空间里学习不易被家长干扰，专注度自然会提高。但是家长对房间的布置也应该有利于孩子专注。有些妈妈会听从孩子的意思，在孩子的房间里放入许多他喜欢的东西，但是其中很多东西都与学习无关，能牵走孩子的注意力。可如果家长把房间布置得像教室一样，孩子也可能会心生厌烦，不愿在里面学习。因此，孩子的房间应该既温馨又朴素，兼具生活与学习的功能。

保持孩子房间的独立性

孩子走进自己的房间开始学习后，家长最好不要再打扰他。就算在外面也应保持安静。如看电视、搓麻将、听音乐、夫妻吵架等都应该尽量避免。就算孩子有不专注的时候，也不要马上走过去没完没了地指责，要理解孩子也需要放松一下。

和孩子一起学习

年龄小的孩子愿意模仿家长。如果家长拿本书与孩子一起学习，孩子也有可能模仿家长的行为认真看书，慢慢养成专心致志的学习习惯。

耐心等孩子把事情做完

有些家长看到孩子磨磨蹭蹭就忍不住催他。但其实我们并不了解孩子内心的想法，也许他有自己的安排顺序。要是发现孩子的磨蹭是因为不懂做事的方法，也应该在他做完之后，再把方法交给他，以免让他养成畏惧做事的性格。

专注也要兼顾效率

有的孩子专心致志做事，可是速度缓慢，这样的专注也不可取。比如有的孩子在考试时专注地解答每一道题，可是因为每道题花费时间都很久，导致最后没能做完试题，反而影响了成绩。因此，家长应提醒孩子做事要讲方法，注意提速。效率的提高有时会让孩子更专注。

人们常说"态度决定高度"，专注就是最好的态度。因此家长要为孩子打造有利于提升专注力的环境。这将是孩子延迟满足后实现最终目标的助推器，让孩子在成长的道路上快速前进。

2. 制定一个踮脚就能够到的目标

　　我们让孩子专注于延迟满足离不开目标的设定。可是这个目标究竟定在什么高度好呢？大多数家长秉承"取法乎上，得其中"的理念，给孩子制定了超高的目标；有些家长为了让孩子快乐成长，给孩子制定了唾手可得的目标，可是他们都没有取得预期的效果。为此，教育专家建议家长，给孩子制定一个踮起脚就能碰到的目标。

　　教育专家为什么会这样建议呢？我们来看一则小故事。

　　苹果熟了。家长让孩子把树顶端的苹果摘下来。孩子尝试了几次都没有成功。他认为这个任务根本就不能完成，而且，万一把树枝压断了，摔下来后果不堪设想。于是他选择了放弃。

　　家长知道后，又让孩子去摘触手可及的苹果。这样的苹果很多，孩子觉得这些苹果很普通，摘起来是十分无聊的事情，又选择了放弃。

　　家长见状，让他摘那些需要踮脚才能够到的苹果。孩子摘到了有些高度的苹果，内心充满了成功的喜悦。这一次，他摘光了那个高度的苹果。

太高的目标就像苹果树顶端的苹果，不仅会让孩子望尘莫及，而且有很高的危险系数，孩子因此失去了摘苹果的积极性，很快就会放弃。触手可及的苹果，由于得到太容易，也不能成为孩子的动力。反而是踮脚可得的苹果，最能调动孩子的积极性和专注性。

由这个故事我们可以知道，家长给孩子制定的"踮起脚就能碰到"的目标需要以下特点。

明确孩子的自身条件

家长给孩子制定学习规划的时候，首先要明确孩子的自身条件。包括：学习基础、记忆力、专注程度、强项、弱项、和目标院校的差距等等。只有明确了这些条件，在制定目标的时候才能有的放矢，制定合适的目标。

尊重孩子的意见

家长明确了孩子的自身条件后，也不要急着给孩子制定目标，而是先听听孩子的想法，看看孩子想向哪个方向努力。坚持向一个方向努力需要的不只是家长对于目标的设定，更加需要孩子内心对目标的认可，只有孩子认可目标，才能有坚持的信念。

制定切实可行的目标

小蕊考入初中的时候，成绩在全班的中下游。父母给他制定的目标却是考进市重点高中。小蕊拼尽全力，在初三下学期的第二次模拟测试中，获得了全班第九名的成绩。可是母亲却对她说，你得进入班级前三名，才有可能考进市重点高中。可是小蕊最后也只考到了区重点高中。

小蕊获得全班第九的成绩已经是拼尽全力了，母亲却让她在极短的时间内提高到前三名。这样的目标不切合实际。因此，家长要依据孩子的基础、能力、复习时间等去制定目标，孩子才有可能达到。

帮助孩子分解目标

有些家长把孩子踮脚能够到的目标设定成孩子的终极目标，这是不对的。人的一生犹如长跑，你要根据具体的情况分解目标，最后才能在最大限度时取得自己满意的成绩。

当孩子站在起跑线上的那一刻，每个家长都希望孩子拿第一。可随着比赛的进行，有些孩子已经被落下很远。此时如果还坚持第一的目标，根本就不可能实现，相反还可能因为超负荷而受伤。所以，家长要帮助孩子分解目标。

网上有一篇文章叫《只追前一名》，讲述一名叫朱成的女孩，在小学时身体纤弱，每次跑步比赛都是倒数第一，她也因此无比沮丧。朱成的母亲安慰她说："孩子你身体弱，跑在最后不丢人。下一次，你只要追上前一名，就是成功。"

朱成按照妈妈的话去做。追上了倒数第二、第三、第四……，直到小学毕业前，她的跑步成绩已经达到了班级的中游水平。同时，她在学习中也秉承了"只追前一名"的理念，最后考上了北京的大学。

当然，每个人的天资是不一样的，并不是所有人坚持"只追前一名"的理念就能考上北大、进入哈佛。就像朱成跑步时同样贯彻了只追前一名的方法，最后也只是跑到了班里的中游水平。

这里我们要学习的，是朱成家长给孩子制定目标的方法。朱成家长先是降低高度，随后又给孩子的进步提供了足够长的时间。这样孩子才能激发潜能，取得自己满意的成绩。

与孩子一同坚持

有些家长给孩子制定完目标就不再关注了，等到孩子失败后才再次出面，否定孩子的能力，建议孩子换个目标。其实，有些时候孩子要实现目标离不开家长的帮助。比如有些家长为了让孩子提高成绩，给孩子报了学费很高的长期辅导班。虽然家长没有亲自和孩子学习，但给孩子上的长期补习班也是一种间接的坚持，会让孩子觉得你一直在支持他，从而发奋学习。

其实延迟满足的过程，就是一个不断调整和完善的过程。孩子有可能在这个过程中经历目标破裂和重新选择。其中，理想的破灭让孩子学会切合实际，重新选择的目标又能重新让孩子看到希望，并在其中寻求新的突破。通过这种长期努力，让延迟满足的结果也会更有意义。

3. 过多压力会让孩子更难专注

2021年9月中旬，杭州市一家媒体公司对当地5所小学的500多位家长做了问卷调查。在收回的538份样本中，居然只有三名家长表示对孩子没有焦虑。而让其他大多数家长焦虑的诸多原因中，孩子的注意力不集中成了家长要面对的首要问题。

很显然，家长深知注意力在孩子实现延迟满足的过程中至关重要。于是他们采用强迫的方式反复督促孩子提高专注力。这种行为无疑是用力过猛，会让孩子压力倍增。一旦压力增大，孩子的精神也很容易崩溃，这种情况下想要专注就更难了。

《钱江晚报》曾报道：萧山公安局接到一个报警电话，一位妈妈举报丈夫家暴自己和孩子。民警赶到举报人家里，了解到的情况如下：

毕业于名牌大学的爸爸希望女儿也成为一个学霸，于是给女儿布置了难以完成的暑假作业——每天写四篇有质量的作文。为了完成作业，年仅10岁的女儿常常要写到凌晨一两点钟，一边写一边打盹。即使是这样，如果女儿完不成，爸爸还是不允许她睡觉，甚至还会打骂她。

有天晚上，妈妈实在是看不下去了，就上前劝阻丈夫。

丈夫理直气壮地说："我这么训练她是为了她将来能有所成就。"

"她才十岁的孩子，早就熬不住了。你逼她有什么用。"

"你要是懂教育，你来管。省得我天天睡不好还被你埋怨。"

"你自找的，怪谁。"

两人由争吵上升到动手。最终妻子把丈夫告上法庭。

让女儿每天写四篇有质量的作文，这样的任务量对于一个孩子来说实在是太重了，孩子每天写不完就要熬夜，第二天就更没有精力去写作业，从而拖得更晚，如此反复，孩子既休息不好也学习不好。

家长为什么会这样做呢？从客观原因上说，是社会竞争力不断加大，家长担心孩子输在起跑线上；从主观原因上看，与攀比心理、思维方式和价值观不无相关。像是案例中的父亲，他本人是个学霸，也希望孩子像自己一样，认为这样才能成功。这就是他的思维方式和价值观，所以他才会强求自己的孩子超负荷的学习。

其实孩子的特长未必在家长强求的事情上。美国心理学家加德纳认为：人的智能分为语言智能、逻辑与数学智能、空间智能、运动智能、音乐智能、人际交往智能、内省智能、自然探索智能、存在主张智能，这几个不同方向。

过去的许多院校只注重孩子"语言智能"和"逻辑与数学智能"的培养而忽略孩子其他方面智能的发展。案例中的父亲就是用这种教育理念去强求孩子，忽视了孩子其他方面的能力。自己再焦虑、生气，对孩子来说还是强人所难，不能做到。这种孩子不情愿的事很难让他用心去做，所有的努力只能说是专注的假象。

那么，家长该如何通过减轻焦虑来减少对孩子的强求呢？

改变自己的思维方式

一些强求孩子的家长习惯于一元、二元的思维模式。这些家长认为孩子不能上最好的小学就读不了最好的初中、不能上最好的初中就不能考上重点高中、不能上重点高中就考不上一流的大学、不上一流大学就找不到一份满意的工作……这样一想就不由自主地加强了对孩子的要求。其实世界是多元化的，孩子的能力也是多元化的，孩子未来可以选择的方向有很多。家长若是用一种孩子不愿接受的方式将其捆绑，孩子会很烦躁，很难继续自己的发展。

纠正攀比心理

有些家长喜欢将自己的孩子与他人的孩子进行比较。这种比较通常是拿自己孩子的短处去对比别人家孩子的长处，从而忽视了孩子的优势，认为自己的孩子处处比不上别人，让自己充满了不满、怨恨和愤怒的情绪。这样的情绪会严重影响孩子的心理状况与学习的状态。

重塑价值观

我们要接受孩子达不到自己期望值的现实。就我们自己来说，很多事也都无法按照原有的设想去完成。甚至有些本在能力范围之内的事情，也因为变化变得无法把握。所以家长不要把孩子的成绩看得过重，即便是达不到原本的预期也不要一直过度苛责。此外，家长应该想想，自己认为孩子不够优秀的原因，只是因为孩子不符合一些可以更改的标准，并不代表孩子本身在各个方面都不优秀。

可见，让孩子拥有成功且幸福人生的关键是了解并尊重孩子的天性与优势，并且掌握对待孩子的方法，不要固执在自己的想法里。只有这样才能做到既不强求孩子，又能充分发挥出孩子的优势。孩子在心甘情愿的状态下会让延迟满足顺利进行，并在最后得到丰硕的果实。

4. 孩子为什么会分神

　　孩子大多好动活泼，这是四肢发育良好和身心健康的重要标志。但有些孩子实在是太好动了，而且无法专注在一个项目上玩很久。比如，有的孩子在游乐园里只玩了两分钟秋千，就改玩滑梯；滑梯玩了几分钟，又要玩旋转木马。许多父母担心孩子如此爱分神，以后长大了也难以专注于一个目标，最终什么也完成不了。其实家长不用这么忧虑，孩子爱分神的原因可能与家长想得完全不一样。

　　小萌去好友小虹家做客，两个人坐在沙发上看着连续剧。小虹两岁大的闺女在地毯上玩耍，一会儿玩芭比娃娃，一会儿又开始玩拼图和其他玩具。

　　本来孩子玩得兴致勃勃，可是孩子的奶奶总是来打断，把孩子弄得兴趣全无。比如小家伙正在拼积木，才搭了没几层，奶奶就拿着洗完的大樱桃过来："丫头，来吃个大樱桃。"

　　小家伙有点不耐烦，扭头去玩毛绒熊，奶奶又紧随其后，拎起香蕉问："香蕉吃不吃？"

　　小萌在小虹家里坐了两个小时，看到奶奶打断孩子不下八次，小家伙不胜其烦，看见奶奶过来就赶紧躲避。

　　其实有些孩子本有能力专心做一件事，却总是因为家长的打扰而分神。许多家长不能理解孩子的想法，兀自担心孩子患了多动症或者不喜欢自己给的东西，就像案例中的奶奶，她打扰孩子的原因就是一直想给孩子爱吃的食物，完全忽略了孩子正玩得兴致勃勃的情景，所以才让孩子不胜其烦。可见，孩子专注能力的提升离不开家长正确的教育方式。

　　此外，心理学家阿诺德做过一个测试，发现孩子分神的情况与年龄大小有直接关系。一岁半的小宝宝在阿诺德测试的房间内，7分钟玩了放在不同地方的8种玩具；2岁的宝宝，玩了放在不同地方的6种玩具；3岁的宝宝仅玩了三种玩具；4岁的孩子只玩了两个玩具。在行走路线上，1岁半的宝宝杂乱无章，而随后几个年龄段的孩子，行走路线的清晰度随着年龄的增长而递增。尤其是4岁的孩子，已经可以只走简单的直线就到达目的地。

　　研究发现，目标越明确的孩子专注力越强。四岁的孩子对事物的好坏已经有了一定的辨别能力，而一岁半的孩子凡事还都在尝试阶段，所以要去不断尝试，也因此更容易分神。

　　由此可见，专注力并非孩子与生俱来的，而是需要父母后天的培养。要是你担忧孩子的专注度，首先要反思自己的错误，然后采用相应的办法去解决。

错误

1.时常打断

上述案例已经说了时常打断的现象。著名教育家蒙台梭利曾说："当大人让孩子分心时，很可能影响到了孩子内部的工作。"

简言之，家长的打扰会把孩子的思路切断。试想我们在工作中一再被别人打扰，也很难集中注意力，更何况是尚在成长的孩子。

2.压力过高

据神经学家研究，人脑中有一个叫"网状激活系统"的部位，与专注力密切相关。要是家长给孩子的压力过高，这个系统的活力就会下降，导致孩子的专注力也随之下降。

解决办法

1.给孩子自由

家长应该给孩子自由玩耍的时间。你会发现，家长越是减少干预，孩子的专注度越高。

于颖给4岁的儿子买了一个拼图，本来想和儿子一起拼，但被孩子拒绝了。最后小家伙自己一个人用了20多分钟将拼图拼好。于颖刚想夸奖孩子一番，却见孩子把拼图拆了。原来孩子想再拼出一幅新的图案。这一次他用了30多分钟，成功后，高兴地让母亲观看。

可见，家长给孩子自由，孩子就能充分发挥自己的想象力，并把想象力付诸行动，自然专注度很高。若是家长干预，孩子虽然能很快完成拼图，但是兴趣降低了，专注力也会随之降低。

2.让孩子自己选择

许多家长习惯性给孩子安排任务，并要求孩子按照他的方式去完成。这种做法很容易打消孩子的积极性。如果孩子更愿意选择自己喜欢的东西去学习和研究，家长就应该把选择权交给孩子，从而调动起孩子的积极性。

大刚带6岁的儿子淘淘去学柔道。柔道教练让一个比淘淘还小的女学员与淘淘对练，小女孩很快用技巧把淘淘摔倒在地。大刚觉得柔道很危险，想让淘淘改学乒乓球，没想到淘淘却对他说："柔道好神奇，我一定要想办法把对手摔倒。"

从那以后，淘淘成了柔道班训练最刻苦的小学员。

家长可能永远也想不到孩子会喜欢什么，所以才更应让孩子自己选择，以免自己的主张成了孩子的压力，反而降低了积极性。

我们期待孩子专注力提高时，也该提升自己对于孩子各方面培养的能力。让孩子在自由的状态下掌握更多的知识和技能，终有一天你会看到一个做事专心致志的孩子。

5. 提升孩子专注力的常用方法

一位教育专家认为专注力虽然与孩子的天性有关，但更多的是经过后天培养形成的一种做事习惯。要是孩子具备了这个习惯，以后学习工作的时候就会更专注，效率更高。这种习惯不管是在学校还是以后孩子进入职场都是十分重要的，同时也是落实延迟满足必备的精神，所以培养孩子做事专注是非常重要的。

现在就给大家介绍几种培养孩子专注力的常用方法。

定量

让孩子在规定的时间内完成学习任务。要是孩子按时完成，并且有很高的质量时，家长一定要给予肯定或奖励。而当孩子能持续一段时间都把事情做得非常好的时候，可以适当加长他的学习时间并加大他的任务量。此外，孩子在做阅读理解、作文等需要仔细阅读分析的问题时，家长应该要求孩子在审题的过程中自己把题目的要求勾出来，以防止走神出错。审题时培养出的专注力会让孩子受益终生，慢慢他就会变成一个专注而且严谨的人。

减少对孩子的训斥

孩子做事情的时候家长要尽力减少对孩子训斥的次数，这样孩子的注意力就不会因为担心你的训斥而分散。如果你觉得孩子实在是太过磨蹭，可以给他提一些能提高效率的办法。一旦孩子有了成就感，做事也会更加专注。

让孩子大声朗读

朗读是一个让孩子口、眼、脑相互协调的过程。孩子若想不读错、读丢，注意力必须高度集中。家长每天可为孩子安排10～20分钟的朗读时间，并将此训练方法坚持下去。

不要给孩子买过多的书籍

有些家长为了丰富孩子的知识，给孩子买了很多书籍。孩子通常是这本翻几页，另一本翻几页，每一本都没看到精彩之处就匆匆放弃了，这样分散的阅读怎么可能让孩子注意力集中呢？

一次只做一件事

孩子的注意力和擅长的事情都是有限的，所以家长最好不要让孩子一次做两件性质不同的事情。这不仅会严重分散孩子的注意力，还会让孩子在不擅长的事情上失去自信心，导致擅长的事情也难以发挥应有的水平。

此外，一次做一件事还能让专注力的作用得到更好的发挥，比如提升孩子的观察能力、培养孩子坚强的意志力。因为孩子一次只做一件事，更有精力和时间去观察事情的细节。人们常说细节决定成败，这种细节也是孩子能否实现延迟满足的重要因素。要是孩子能持之以恒地做一件事，长此以往所养成的习惯与态度对孩子的成功会有很大帮助。

一位美术老师为学员们安排了一个深入素描的作业。学员王鹏以为老师一定会拿许多静物来。可是老师却只拿了一盏马灯和一个老旧的军用水壶。王鹏下决心一定要表现出静物的质感和体积感，于是他反复观察静物，并不断修正，最后交了一幅让老师满意的作品。

如果案例中的老师安排了很多静物，孩子们可能一直停留在描绘静物的外形阶段，而不能深入到质感、体积感的描绘阶段，这就是一种原地踏步。家长安排孩子做事也是同理。如果同时做几件事导致每一件都没做好，那即便有丰富的经历也不会有太大的用处。

相关练习

家长可以给孩子买一些专门锻炼专注力的图书让孩子天天练习。如找相似图案的差别、走迷宫等等。如果家长在锻炼孩子专注力的同时还想增强孩子的体魄，可以带孩子玩射箭、飞镖、篮球等对注意力要求极高的运动。

家长通过以上方法能让孩子养成专注的习惯，并且知道如何把专注转化为效率。

6. 如何让多动症的孩子接受延迟满足

著名作家西塞罗说："任凭如何脆弱的人，只要把全部精力倾注在一个目标上必能有所成就。"可是对于患多动症的孩子来说，让他们通过集中注意力来有所收获实在是太难了。

多动症是一种常见的儿童期精神行为障碍，表现为注意力不集中、过度活动和情绪冲动等。常常伴有学习困难、适应性差等问题，通常在儿童期发病，但是一般要到入学后才能引起家长的注意。

他们在课堂上通常会有如下表现：听课不专心、易受环境的干扰而分心、注意对象频繁地更换，任性、克制力差、易受外界刺激而兴奋，行为不顾后果、事后不会吸取教训，不安宁、小动作多、东张西望、总想摆脱老师对自己的约束。

那么，家长该如何辅导患有多动症的儿童呢？

按年龄段提要求

许多家长会对孩子的行为求全责备，这一点千万不要对多动症儿童使用。因为他能把一两点做好就已经很不容易了，很难完全达到家长的目标，这时候批评他只会打击他的信心。建议家长在多动症儿童低幼儿时，主要检查孩子的字迹是否端正；高年级时，则要看做题思路是否正确。

反复读题

多动症的孩子对于读题缺乏耐心，尤其是面对那些很难理解的问题。父母应该坚持让他反复读题，这能让孩子集中注意力，同时锻炼耐性。

遵照医嘱

若是你的孩子被医生诊断为患有多动症并开始治疗，你的工作就是遵照医嘱去给孩子提供一个合适的条件。如果有能力可以通过一些课外辅导帮助孩子改善症状。

改善家中环境

患有多动症的儿童也能在稳定的环境中获得成功。因此家长要把家中的环境改善得井然有序，生活也该更加有规律。

调整学习时间

让患有多动症的孩子安静地坐一段时间是不可能也没有意义

的，因为他必然会分神。因此最好把需要长时间完成的任务分成几段时间来帮助他们完成。

如果你的孩子做家庭作业时，只能忍受几分钟，就让他们在这几分钟内专注地做作业。然后允许他们用几分钟时间活动一下身体，或者做其他想做的事。休息好了，再开始学习。这种方法起码能保证他们在坐着的几分钟时间内，不会扭来扭去的消磨时间和应付差事的糊弄作业。这样即使时间是碎片化的也是有价值的。

塑造

"塑造"是一种用于认知行为和个体行为的心理学治疗方法，通过让患者接受一种行为模式，从而来改变自己。例如家长可以用学习五分钟，休息一分钟或学习七分钟，休息一分钟的方式去测量孩子做作业的效率和质量，然后给孩子选择一个他效率最高的学习节奏。当他取得一定进步后，就及时给他奖励，并鼓励他做出更长时间的坚持。久而久之，他专注的时间也会变得更长。

准备活动

孩子有时需要做一些格外需要耐心的事情，这种时候他们难免分神。如果发现孩子已经不能集中注意力了，家长可以允许他们先玩一会游戏然后再继续工作，这不仅能提高他们的专注力，还能降低他们的压力，从而增强孩子做事的持久力。

释放精力

孩子多动的主要原因是他有多余的能量，要是我们通过玩耍消耗掉孩子的能量，然后让他们安静地学习，通常会取得良好的效果。

当你的孩子精力充沛时，不妨先为他们找一些需要付出体力的活动，在消耗掉多余的体力之后，他们才能更有效地完成作业。

帮助孩子放松

家长教会孩子放松的技巧可以提高他们的注意力和对身体的控制力。这些方法包括：冥想、深呼吸、肌肉放松等等。

尽管多动症的孩子集中精力相对困难，但是仍然可以通过学习一些办法去控制。此外，我们还应看到这一症状中的长处，如孩子精力充沛、体力好。要是家长对他们的管教方式得当，他们也一样会实现远大的目标。

7. 你的孩子为什么只有三分钟热血

许多孩子有专注力，但是对选择的事物却只有三分钟的热度，这同样也是很难实现延迟满足的。有些家长很好奇，为什么孩子总是这样，难道就没有办法改变了吗？下面我们先来看孩子缺少坚持力的原因，再来谈谈如何进行改变。

原因

1.好奇

小孩子对许多事物都是充满好奇心的。像是没有的玩具非要买一件尝试一下才满意；没有吃过的食物非得吃一口才罢休。这就导致他们在做一件事时不是出于兴趣和热爱，而是因为好奇，一旦他们发现事物并没有自己想得那么好，就会果断放弃。

王妍带儿子去一家商店。儿子看到一个用方形瓶装的饮料，对此感到十分好奇，不断央求让妈妈给他买。妈妈给他买了以后，他只喝了两口就觉得不好喝，不喝了。过了几天，王妍又带儿子去商店，儿子又要了一个用葫芦形塑料瓶装着的饮料。王妍发现这款饮料跟那个用方形瓶装的饮料一样，只是瓶身上多标注了一行字"瘦身版"。

孩子大多像案例中的孩子一样，追求样子新颖的东西，而不去分析东西的本质。因此很多商家会把同一款食物、玩具用不同的包装出售，许多孩子都会二次购买。

2.缺乏耐心

有些事就算大人做起来也进展缓慢，难免放弃，更何况是孩子了。当孩子遇见自己很难获得收获的事情时，因为反馈不如自己预期，于是很快就给自己下了做不好这件事的判断。这也是孩子只有三分钟热血的主要原因。

大旺的妈妈听一位教育专家说，应该让孩子选择动静得宜的爱好。先是给孩子报了一个游泳班，孩子学了两节课，却无法在水里面浮起来。他觉得游泳学起来太难，而且自己也不喜欢学游泳，就放弃了。母亲又给他选择了一个美术班，绘画对一个人的耐心是极大的挑战，大旺还在免费试听的时候就坐不住了。他跟母亲说："我宁愿学游泳，也不愿意学画画。"

3.专注度不高

孩子专注度的高低受事物的影响十分严重。许多孩子看动画片的时候，注意力就能高度集中，而有时连父母跟他说话，他都听不见。将这种情况换成学习，一旦有同学小声说话，孩子都会为之分神。

4.失望

有时候，孩子做一件事的目的并不是因为喜欢，而是希望得到父母的认可或奖励。即使是家长一名学生最基本应该做到的看起来很小的一件事，在孩子心中却可能是完全没必要做的事。他们这样做的目的就是希望你把他当成一名听话的孩子，可以鼓励他、表扬他。要是父母对孩子所做的事不闻不问，孩子会觉得做这些没有任何意义，难免会放弃。

我们找到了孩子坚持力差的原因后，就可以通过以下一些办法改变孩子爱放弃的坏毛病了。

改变

1.给予适当的奖励

当孩子成功做成一件事以后，家长可以给孩子适当的奖励，这样他会认为自己的付出是有价值的。他就有动力坚持着做了。

2.联想后果

许多孩子放弃一件事的原因就是没有考虑后果。如果家长能告诉孩子坚持做一件事会产生的结果，孩子在面对一件想要放弃的事情时就会深思熟虑，大大降低放弃的可能。

一位母亲为了给孩子创造一个良好的学习环境，买了一套价格昂贵的学区房。可是这也无法改变孩子想要放弃学习的态度。于是母亲带着孩子去一个公园划船。母子二人逆流而上，划了很远。这时母亲突然停止划船。孩子吃惊地说："妈，你现在停止划船，我们就到不了湖心岛了。"母亲说："是的，你要是现在放弃学习，之前你的付出也白费了。"孩子明白了母亲此举的用意，从此虚心学习，取得了让母亲欣慰的成绩。

案例中的孩子因为想到了放弃的后果而选择坚持。这说明联想后果对坚持具有警示作用。不止如此，其实通过让孩子联想后果还能对孩子起到激励作用。例如讲一些成功人士的人生经历，让孩子知道自己如果肯像成功人士一样坚持，最后也可能获得成功。那么在这种激励下他很可能也会效仿成功人士对一件事执着而且认真。

3.培养耐心

孩子的耐心对他能否实现延迟满足起到了至关重要的作用。因此我们应该通过一些专门的训练来增强孩子的耐心。

比如让孩子看一些动物或人物的照片，让他说出画面中人物的性别、年龄、着装等等，这能提高他们观察事物时的耐心。或者每天给孩子讲故事，并围绕故事给孩子提出一些问题，然后给孩子足够的思考与答题时间，如果答对了再给孩子一些奖励。这样孩子不仅会认真地听完你讲的故事，还会思考你给的问题。如果你让孩子学习了武术或球类运动，则要定期检查他的动作是否标准，这样的监督也能对孩子起到培养耐心的效果。

家长在培养孩子耐心的时候，孩子难免会有一些令人抓狂的举动。像是做个很简单的动作却做了十几遍还是不协调。这个时候家长先不要着急，而是应该鼓励他不断完善。因为一个孩子能反复做一件事足以证明他的耐力不差。如果他坚持下去，一定能做到更好。

4.克服惰性

孩子有时候缺乏耐心与家长的娇惯有关。有些家长一看到孩子因作业愁眉苦脸，就会允许孩子先玩一会儿游戏；或者因为天热就害怕孩子中暑，不让孩子去辅导班学习等等。孩子在这样的环境下成长，稍微遇到艰苦点的环境或稍难点的任务就会感到困难，想要放弃。眼下的目标都难以实现，想要实现延迟满足的长远目标更是不可能。

为此，家长要想办法帮孩子克服惰性。从最基础的小事做起，比如让孩子自己整理衣物和书包，而不要让家长包办代替。孩子慢慢会把惰性转为耐力。

没有耐心的孩子，不能称为专注度好。因为衡量专注度的标准不只是认真，还有持久。如此，才能让能力不断提升，从而更有把握地实现延迟满足的目标。否则心猿意马，很可能一事无成。

8. 别让慌乱影响了孩子的延迟满足

孩子从小到大会经历许多场考试，有些考试很大程度上直接决定了孩子是否能为未来的道路铺好基石。在考试前不同的孩子就会有不同的表现，有些孩子复习时从容自若，精神专注，从而进步神速，最终实现理想；而有些孩子在临考前却无比慌乱，精神分散，进步缓慢，导致考试失败。

乐乐是一个十分聪明的孩子，但是他有一个弱点，就是每逢考试的时候都会特别的慌乱，越重要的考试就越容易发生严重的错误，导致他无法发挥出正常水平。

有一年期末考试时，乐乐一看到试卷后就觉得题量有点大，紧张害怕，担心自己答不完。果然，当考试只剩半个小时的时候，他还有两道大题没有答，这让他无比慌乱，于是匆匆答完一道大题。可是他写第二道大题时，又总觉得上一道题答得不完善，一边担心一边做第二道大题。结果因为慌乱与分心，两道大题都没有答好，最后成绩下降了十几名。这让乐乐的父母非常焦虑。他们想如果这次考试换成中考、高考那么重要的考试，孩子必然无法升入心仪的学校。

一位教育学家针对数百名有考前焦虑症的孩子做了一个问卷调查，大多数孩子都说父母是他们感到焦虑与慌张的原因。他们担心自己一旦失败就会让父母担心或遭到父母的斥责。像是案例中乐乐的父母就对孩子的成绩产生了焦虑，要是他们还把这种焦虑转化成斥责，乐乐可能在下一次考试前会更慌乱，这样的恶性循环只会让他离自己的目标越来越远。

因此，我们先来分析父母为什么会成为孩子慌乱的原因，再来说父母该如何改正才能让孩子从容高效地备考。

原因一：期望过高

有些家长希望孩子能完成他们未完成的梦想，或者希望孩子能成为自己炫耀的资本，对孩子提出的要求常常超出孩子的实际情况。但是他们又不给孩子提供该有的帮助，这导致孩子压力倍增，越是快到考试，越是无比慌乱。

原因二：对孩子缺乏信心

有些家长仅仅因为孩子失败过一次，就对孩子失去了信心，甚至冷嘲热讽或漠不关心。这样的情绪也会影响到孩子的情绪。他在考前会联想到自己万一失败可能出现的情景，从而陷入慌乱的情绪之中。

原因三：错误灌输

有些家长认为学生的任务就是学习，成绩就是他的一切。于是一再在孩子头脑中灌输考试成绩最重要的想法。慢慢这种想法在孩子头脑中形成了强信号，以至于孩子一到考试前就想到考试成绩的重要性，因为过分的担心而感到慌乱，从而影响了孩子的考试成绩。

可见，父母对孩子考试的正确态度对缓解孩子考前慌乱至关重要。为此，父母可以采用以下几种方法，让孩子轻松且专注的备考和考试。

1.放松

孩子可以透过父母的表情来判断他们的心理情绪。这是家长无法用安慰的语言去掩盖的。如果家长表情焦虑，孩子就知道父母很重视这次考试，而这会让他压力倍增。因此，父母应对备考的孩子应该放松情绪，让孩子处在放松的状态下，这样才能认真而专注的复习，从而以更好的状态迎接考试。

2.减少询问

有些家长为了减少自己对孩子考试的焦虑，反复问孩子复习的进度。这是一个让孩子很难回答的问题，说复习得好，万一没考好，没法像父母交代；要是说复习得不好，可能现在就被父母斥责，说过去不够努力。问题让孩子压力倍增当同时还要注意，家长的干扰是造成孩子分神的主要原因。而且家长的询问在孩子眼里如同催促，孩子的内心就不只是慌乱了，还会再加上烦躁、郁闷等许多不利情绪，最终导致无法安心学习。因此，父母要减少询问。

3.包容孩子的情绪

孩子马上就要上考场了，情绪难免慌乱。孩子在这种情绪的驱使下，会对一些知识不再专注，甚至心态急躁，在父母指责时与父母发生冲突。这时父母应该体谅孩子慌乱的情绪，而不是继续与其争执。这样，孩子才不会因为情绪的波动对学习分心。

4.做好保障工作

有些孩子在考前会因为慌乱而失眠，家长应尽量为孩子提供一个安静的休息环境。在饮食方面，以清淡的食物为主，防止孩子在考试时身体不适，影响正常发挥。

可见，慌乱是孩子学习和考试中无法集中精力的主要原因。它会让孩子急于求成而患得患失，总为之前的问题担忧不已，同时情绪也变得暴躁易怒，让自己在复习和考试时心绪不宁。这对孩子的考试来说，属于自乱阵脚，自然很难实现自己的预期目标。

9. 孩子为什么做作业时 总发呆

　　一个9岁的孩子做作业时总是发呆，家长担心孩子可能是患了妄想症或自闭症等精神疾病，所以才经常妄想或反应迟钝。家长怕长此以往耽误学业，于是带孩子去医院做检查。

　　孩子在医生的询问下，回答说："其实我只是在想，如果我跟妈妈说先让我玩一会再做作业，她能不能同意。因为为了防止疫情传播，学校的体育课都停止了，我几乎全天都在学习，回家希望能够休息一会。"

　　妈妈听到孩子的回答这才放下担忧，并且允许孩子以后在做作业之前先玩半个小时。孩子此后很少出现发呆的情况。

　　其实孩子发呆是很常见的现象。除了向往外面的世界外，还可能是当天的课程没有听懂，导致作业不会做，压根就不想写作业；与同学发生不愉快的事情等等情况，这都会让孩子的心思不在作业上反而开始发呆。我们针对以上种种原因，可采用以下方法去解决。

可以先玩

许多家长让孩子放学后就开始写作业，是希望孩子养成以作业为先的好习惯。可是大多数孩子对先写作业都是比较抵触的。就像上文中孩子说的，他几乎全天都在学习，回家后就需要一段时间去缓冲一下。如果家长硬逼着他写作业，他心思不在作业上，难免发呆。

为此，我们可以根据孩子的年龄段去安排孩子玩耍和写作业的时间。1~3年级的孩子作业量不多，通常40分钟就能做完，可以安排孩子先玩半个小时，再写作业。如此一来，孩子的头脑得到了放松，能够全神贯注地写作业而且还不会影响休息。而高年级的孩子作业多些，可以根据每天的作业量，去压缩玩的时间，或者想办法帮孩子提高效率，让孩子获得更多的玩耍时间，在保证休息的同时给孩子增加放松玩耍的时间。

学习用具应简单

有些家长会给孩子买很时尚的学习用具。例如滚筒式转笔刀、变形金刚式铅笔盒、针头式水彩笔等。这些学习用品确实在一定程度上为孩子节省了一些不必要的时间，但孩子的注意力也被它们吸引走了。所以能引起孩子好玩天性的学习用具要谨慎购买。

不要加大作业量

小丽做作业的时候经常长时间地发呆，这让妈妈非常生气。

有一天，爸爸问她："女儿啊，我觉得那点作业你最慢一个小时也写完了，怎么写了两个小时呢？"

"我要是早早写完，我妈还得让我做其他习题，所以我就装很久才想明白怎么做。"

有很多孩子发呆都是如此。因为他们不情愿接受过大的任务量，所以用一种看似迟钝的方式，给自己减负。但这种行为无疑是白白浪费时间，家长不如不给孩子增加过多的作业负担，让孩子有更多的时间花在兴趣爱好或者体育活动上，同样对于孩子的发展能起到很大帮助。

根据作业量分配时间

如果家长想让孩子专心致志地完成作业。可以根据孩子的作业量分配他做作业和玩耍的时间。例如，家长觉得以孩子的能力20分钟就能完成作业，那么家长告诉孩子，要是你20分钟完成作业，可以玩50分钟；30分钟完成作业，就可以玩40分钟。孩子面对奖励，自然会集中精力去完成作业，而且还能有精力去钻研解题技巧，让孩子的学习效率得到极大的提高。

此外，要是孩子有多项作业，家长应该让孩子按照先易后难的顺序去写作业。当孩子快速答完简单的问题后，会有一种轻松感，即使遇到后面的难题，也有足够的耐心去攻克。

与孩子沟通

有些孩子写作业时发呆是因为白天在学校发生了让他不开心

的事，导致他即使回家也一直想着这件事。父母应该通过沟通，让孩子忘了这件事或者开导孩子，让孩子走出这件事的影响，继续专注于自己的学习和生活。

给孩子找辅导老师

有些孩子发呆的原因是没有听懂当天的课程，这时候再做作业也只剩下了发呆。家长可以找辅导老师为其再讲解一遍课程。孩子听懂了课程，解题将不再是难题，这样才能使其不再发呆。

家长切记孩子的专注力大多是慢慢培养出来的，而不是完全由先天决定的。因此要根据孩子的具体情况去调整孩子写作业时的状态，这样孩子才会高效率地完成作业，从而远离耽误学业的危险。

10. 别让负面情绪影响了孩子的专注

张红一直很重视对女儿彤彤英语的培养，从幼儿园时就给孩子选择了牛津英语的课程进行学习。孩子在一年级上半年的时候英语成绩果然非常好，但是到了下半年却突然下降了很多。张红着急得不行，赶紧和女儿的英语老师沟通。

老师告诉张红，彤彤上课常常"开小差"，专注力不太好，作业完成的质量也不高，所以成绩有所下滑。

张红很吃惊，因为彤彤一直是非常专注的孩子。她赶紧问彤彤到底是怎么回事。彤彤有些委屈地说："我现在的英语老师没有幼儿园的英语老师讲课生动，我早就听不进去了，也不愿意做她安排的作业。"

张红这才明白，彤彤听英语课不认真的原因是对英语老师产生了负面情绪，正是因为真这种情绪才导致她成绩下滑。

很显然，孩子对学习的态度受到情绪的严重影响。要是孩子对待学习的态度全是负面情绪，想要再让他变得专注十分困难。因此家长先要知道负面情绪的由来和影响，然后再通过相应的办法把孩子的负面情绪转化为正面情绪。

由来

著名心理学专家李玫瑾认为，孩子的负面情绪主要来源于孩子自身的原因和家庭教育的消极影响。

1.自身因素

孩子的情绪和自身的性格密不可分。性格开朗、活泼的孩子遇到让自己不愉快的事情时，会主动和父母或老师倾诉，不仅能宣泄情绪，还能得到大人的帮助，大多不会有负面情绪。而内向型的孩子遇到不愉快的事情，往往选择自己化解，要是化解不开，则转化成了负面情绪。

孩子的情绪与自身素质也有关系。自身素质包括身体素质和文化素质两个方面，这两方面素质差的人，与其他孩子竞争时，难免因为短板明显而自卑，负面情绪随之而来。

孩子的情绪还跟自己的爱好有关系。比如喜欢书画的孩子，性格相对平和；喜欢竞技类运动的孩子性格相对冲动，所以教育界才倡导给孩子培养动静合宜的爱好。

2.家庭因素

孩子对于家长的言行从小耳濡目染，在日后也必然会受到深远的影响。如果父母日常的言行或情绪很负面，孩子的负面情绪也会随之而来。

例如有些家长见孩子失败几次，就认为孩子不是读书那块料，停止了必要的投入，孩子就会敏锐地捕捉到家长对自己的失望以及消极态度，之后他的成绩很可能越来越差，最后对学习不再感兴趣。

影响

负面情绪的积累会一步步摧毁孩子对于学习的动力。
1.失去兴趣

一则寓言讲述了兴趣和专注之间的关系：
一位老者编织了很漂亮的草帽，当街叫卖。一位路人看到后问："一个草帽多少钱。"
"15元。"老者回答。
"我要买100顶呢？"
"每顶20元。"
"为什么？"
"因为大量地做一件事，我会异常烦躁，耗时越来越长，价格也越来越贵。"

许多家长一旦发现孩子对什么有兴趣，就会马上加大他在这方面的训练量，最后导致孩子对自己感兴趣的事也有了厌烦的情绪。此时，他最在乎的已经是如何放弃兴趣而不是提升技法了。
孩子一旦情绪消极，无论学习和练习想要专注都会更加困难。要是家长还一味强求，会严重影响亲子关系。

2.增加压力

很多家长对孩子付出后，希望看到立竿见影的效果，这会给孩子带来巨大的压力。孩子若不堪重负，就会对选择的事物产生巨大的恐惧，无法沉着应对。

大量事实证明，一个无法控制好自己情绪的孩子，就算有一次成功，以后也很难持续成功。因为负面情绪浪费了他的大量时间，让他不能继续保持自己的专注与效率。为此，我们可以采用一些办法来减少负面情绪对孩子专注力的伤害。

办法

心理学家认为，孩子能正确且合理地表达情绪，是孩子心理健康的主要标志。但是这种能力不是孩子与生俱来的，我们可以通过下列办法引导孩子正确地面对自己的情绪。

1.纠正孩子的错误情绪

大家一定见过，因父母没有满足自己的欲望而大哭大叫、毁坏物品的孩子。面对这样的孩子，家长要严厉制止他的行为，并告诉他发泄情绪应该掌握的分寸，以及获取东西该有的克制。

随后，我们要让孩子认清负面情绪的危害性。比如给孩子讲一些事例，告诉孩子有一些事本可以靠沟通来解决，最后却因乱发脾气弄得不欢而散。

2.关心孩子的心理

许多家长对孩子的关心仅停留在对孩子物质给予的阶段，却从未思考过孩子沮丧、愤怒等情绪的由来。例如，孩子考试失败，大多会情绪低落以致沉默不语。家长发现孩子有负面情绪后，就应该找出孩子情绪变化的原因，并想办法把孩子的情绪调整过来。可以尝试不谈成绩的高低，而是分析失败的原因、可上升的空间，来帮助孩子重树信心。孩子的专注力才会回到学习上来，而不是因一次失败而过分纠结。

3.教会孩子控制负面情绪的办法

当孩子因为遭遇挫折而沉浸在痛苦之中时，我们可以采用不同的办法帮他控制情绪。比如把孩子的注意力转移到他喜欢做且能满足成就感的事情上去。例如孩子喜欢爬山，家长就可以多带他去爬山，在爬山的过程中帮孩子忘记问题，从而学会淡化问题。

孩子有了良好的心态，才能专注地学习或做事。因此家长要培养孩子克制情绪的能力。这也是孩子能够通过延迟实现长远目标的必要前提。

第四章

转变思维方式，找到更好的教育方法

1. 能力的培养需要时间

一位妈妈为了给4岁大的儿子讲故事，买了几十本漫画书，可是孩子每次只想听她讲那一本三只小熊的故事。妈妈已经讲烦了，可是孩子却每次都听得饶有兴致。

有一天，妈妈实在受不了了，没有答应孩子的要求，而是讲起了白雪公主的故事，儿子听故事的兴趣下降了好多，甚至不再去记故事里的情节。妈妈对此十分焦虑。她想，按常理来说，同样的事情很难再引起一个人的注意力，孩子同理也应该对新的故事感兴趣。再则，同样一本书给孩子讲了多遍，孩子的知识得不到更新，这样下去，很可能刚开始就输在了起跑线上，以后想实现长远目标就太难了。

这样的困惑许多家长都面对过。但其实完全不必焦虑，因为孩子有自己的行动节奏、关注点、认知能力，和成人是不一样的。要是家长采用与他们不一致的方法促使其吸取知识，反而容易让孩子失去注意力和耐力。因此，我们应该重新审视重复的事情对孩子所起的作用。

对于大人来说，反复做一件事的确是令人枯燥的。可是对于小孩子说，这正是他们探求世界和掌握新技能的最佳方法。孩子重复阅读自己喜欢的故事不仅能锻炼孩子的专注力，还能给孩子带来诸多益处。

增加词汇量

孩子由于记忆力和理解力有限，对一些词汇的含义、使用方法往往需要经过多次重复才能记住。当他们充分了解一本书的词汇，再去读其他书，阅读的速度会有极大提升。因此，家长如果想要提升孩子的词汇量，所采取的办法一定要按照孩子的记忆能力，循序渐进地教育孩子。

加深理解力

当孩子深入了解一本书，带着自己的理解再去学其他书的时候收获会更大，感悟也会更多。这时候如果孩子已经了解了故事中人物的性格、线索，家长在再次阅读的时候可以加入一些提问，孩子的专注度和理解力也会提高。

增强自信

孩子经过多次重复以后，就不会因为对一些词汇陌生而没有信心，反而会信心大增，更全神贯注地听家长讲故事并且开始尝试自己去理解故事，提出自己的想法。

获得安全感

重复可以减少孩子对新鲜事物的不确定感，增加孩子的安全感和掌控感。这既是孩子增加专注度的主要原因，也是孩子肯接受延迟满足的关键点。

防止遗忘

重复能减少孩子遗忘。即使是成人，只专注却没有反复做辅助的记忆也会容易遗忘。我们以弹钢琴为例，孩子如果不反复练习，手法就会生疏。如果他弹琴首先想到的是一旦犯错怎么办，这样的心态就很难让他专注于练习钢琴上。

实际上，如果儿童能重复一种活动时，说明孩子已经可以把注意力控制到一点上。这种集中的注意力就是我们常说的自控力。

形成自己做事的节奏

一个3岁的小男孩安静地坐在房间的角落里，慢慢地拼着一个拼图。当他尝试补足空缺时，会用所有的拼图碎片一个一个都去尝试，花了很长时间都没有拼完。在这期间，母亲训斥孩子浪费时间或者喊孩子吃饭，他都充耳不闻。

母亲心想："孩子是不是得了自闭症，要不怎么能有这么无聊的行为呢。"

后来母亲带着孩子去探望自己中风患病的父亲。当她看到自己的父亲用颤抖的双手缓慢地把水杯举到唇边的时候。这位母亲马上用快速的动作想要帮助自己的父亲喝水。可是年迈的父亲已经不适应她的快节奏了，没配合好的两人将水洒了老人一身。而当她3岁的儿子帮外公喝水时，那份耐心与速度刚好符合老人需要的节奏。

这时母亲才意识到，自己认为正确的节奏，原来不过是符合了自己的习惯和能力，可自己却把它当成了所有人做事的标准来进行干预和判断。

许多家长用自己的习惯和能力去衡量孩子反复做一件事的正确性，认为孩子是在浪费时间和耐力。其实这样的想法是错误的。因为孩子的天性就是喜欢重复做一件事，而且越是年龄小的孩子越是如此。因为他们只有反复很多遍，才能了解或掌握一件事情。这时候家长不要去干涉，这么做不但对孩子的心理需求毫无帮助，还破坏了他们对想做的事情的好奇心，分散了他们的注意力。

陪伴

家长每天都应该抽出一些时间，与孩子一起阅读、玩耍。当你给孩子讲故事的时候，应该声情并茂，调动孩子的兴趣，并听孩子对你进行的反馈，给予解答。对孩子的重复拿出耐心，指导孩子把事情做得更好。

在生活中，孩子专注和重复的事情可并非读书这一项。有的时候孩子会指着不同的家具，问你是什么颜色的；把玩具拆开再装上；反复地开灯、关灯……但是每一遍询问或者动手操作都能给孩子带来不同的感受与了解，这就是重复的意义所在。

2. 自主学习的孩子更容易做到延迟满足

知乎上曾有一篇励志文，说一位母亲为了督促儿子读书，去儿子就读的大学担任宿管，每天陪儿子一起复习考研的资料，最后与儿子一同考上了研究生。有位网友留言：如果没有妈妈这个火车头，孩子就是一节车厢。简言之，没有自学能力的孩子走不远，很难做到延迟满足。

事实也是如此。父母不可能一直在孩子身边督促他学习，更不可能一直都在他身边，因此孩子的自学能力显得格外重要。

近年的疫情也让许多家长看到了自学对孩子成长的重要性。有很长一段时间，全国中小学生全体在家自学，其自学能力直接影响着他们的学习效果。等孩子长大后，更是要通过自学掌握更多生存技能，这样才能在以后的生活中独立自主，拥有足够的生活能力。

家长们肯定很想知道用什么方法才能提高孩子的自学能力。现在我们就来看看，如何让孩子成为一个愿意自学，且能够高效学习的人。

让自学计划有利于执行

有些家长为了提高孩子自学的效率，帮助孩子制订了自学计划。给孩子设定了很多的自学内容。这虽然是正常情况，但当孩子完不成的时候，家长就应该跟孩子一起分析完不成的原因，有什么可改进的办法，让自学计划更有利于执行，而不是一味地指责孩子效率低下。这不仅不能提高孩子的自学效率，还会让孩子心生反感。

小鹏是一名五年级的男孩。因为疫情，他有了更多的自学时间。父亲让他每天用一个半小时临摹字帖和背诵成语小字典。可是学校一恢复教学后，小鹏就没有时间自学写字和背诵成语小字典了。

家长了解情况后，给小鹏买了一本成语字帖，要求他每天完成作业后临摹40分钟。期末语文考试，小鹏因字迹工整，成语运用得当，作文得了全班最高分。从此以后，他喜欢上了自学书法。

小鹏的家长不仅减少了小鹏自学的时间，还采用了练字和背成语两不误的学习方法。既没让小鹏的自学前功尽弃，还让他看到了自学对考试的巨大帮助。这必然会转化为他自学的巨大动力。可见，一份有利于执行的计划对孩子自学具有巨大的激励作用。而当自学给孩子带来很大的提高后，他也自然会喜欢上自学。

用自己的语言复述学习内容

孩子自学效果的好与坏，记忆力、专注力和理解力发挥着非常重要的作用。通常情况下，学习成绩较差的孩子，大多数在记忆力和专注力上存在不足；成绩中等的孩子，可能在记忆力和理解力上还存在一些不足；成绩较好的孩子，大多数在理解力方面还有一些不足。可见，理解力决定了孩子自学能力的上限。

因为理解力包含了太多自学所必需的要素，比如分析力、洞察力、联想力、概括力、想象力等等。因此，家长可让孩子用自己的语言复述学习的内容，这能充分反映孩子对于知识的掌握程度和理解深度。此外，复述应该是精炼的，而不是单纯的省略。这不仅有利于孩子记忆，而且在考试的时候不会因为略过答题要点而丢分。

劳逸结合和思维转换

众所周知，学习效果=学习效率×学习时间。也就是说，没有学习效率时，疲劳作业意义不大。我们以脑力工作者为例，他们大多工作8个小时以后，大脑的反应就会变得极其缓慢。要是长期熬夜加班，还会引发一些疾病，导致无法工作。孩子学习也是如此，长时间的学习以后就会导致他们的反应能力与记忆能力变慢，即使继续学习也达不到很好的效果。所以孩子需要劳逸结合，学习过后设定一段休息玩耍的时间来帮助脑力和体力恢复。

思维转换是更为巧妙的劳逸结合方式。使用的技巧包括两个方面：一是合理安排不同科目的学习时间；二是同一科目按难易程度安排时间。这样安排是有科学依据的：人的大脑功能是分区的，左脑主要负责逻辑思维方面的工作，右脑主要负责形象思维方面的工作。如果孩子长时间学类似的学科，学习效率就会下降。就应该换不同类型的学科来学习，让左右脑的工作和休息得以兼顾。举个例子，如果孩子已经学习了一小时英语，那么之后可以让孩子做一小时数学题。这样转变学习科目让孩子的大脑既得到了调解，同时提高了学习效率。

随着孩子的成长，需要自学的东西会越来越多。因此家长应当把自学当成孩子的必修课一样对待。同时，随着双减政策的执行，孩子也必须掌握自学的办法，这样才能在未来的学习中不耽误提升自身的优势与能力，帮助落实延迟满足的计划，达到最终的目标。

3. 当延迟满足难进行时 可"稍息"

10岁的男孩小莫因为考试失败选择了离家出走。临走前还给妈妈留下一封信，内容如下：

妈妈，对不起，做你的孩子太累了，因为你总是不满意。我也不想每次考试都让你失望，所以我走了，你也不用找我。最后说一声"对不起"，又让你失望了。

小莫妈妈看到这封信后吓坏了，马上发动亲朋好友帮自己去找小莫，好在小莫只是去了同学家，很快就被找到了。妈妈看到儿子用这种方式对抗自己的要求后，特别的绝望。她怎么也想不明白，自己只是希望儿子变得优秀，所以才要求孩子更努力一些，为什么会导致儿子因此出走。

妈妈带着疑惑的心情去找心理专家，问："学习这样的事根本没有压力，为什么我的儿子就忍不了，我到底做错了什么？"

心理专家摇摇头说："你把学习当成一件没有压力的事，这本身就错了。此外，孩子已经到了极限，你却没有帮她想办法突破，还在一味地强求，这对孩子来说就是一种逼迫。"

"那我该怎么办？"

"如果你一时想不出办法，可以让孩子暂且休息，给她喘息的机会。因为你不能指望筋疲力尽的孩子跑得更快。"

妈妈听从心理专家的建议，不再逼迫小莫。小莫在没有心理压力的情况下，考试成绩反而得到了提升。

类似小莫母亲的家长有很多。他们之所以不让孩子停歇的原因主要有以下几点。

第一，认为学习没有压力。有些家长认为学习对体能消耗不大，而且孩子学习的环境又很好，要是成绩不好，必然是不够努力。但是学习是要看天赋的，否则就不会有人偏科了。

第二，与其他孩子比。有些家长以为别人家的孩子都能很努力，自己的孩子也应该如此。可是，每个孩子的喜好不一样，天赋也不一样，所以他们拥有的动力各不相同，不能一起比较。

第三，认为孩子小，根本就不可能懂什么叫压力。甚至有些家长觉得孩子的学习条件那么好，说有压力分明就是矫情。

家长若是抱着以上几种心态，想让孩子实现最终目标，往往是欲速则不达。因为孩子太累或压力过大，会严重影响身心健康。举一个我们最为常见的例子：许多人在焦虑的时候，不想吃饭，久而久之就会有患上胃溃疡的风险而且还会更容易患上一些心理疾病。

据医学部门调查，在我国8～16岁的中小学生中，约20%的孩子有抑郁倾向，其中4%需要接受治疗。

这个数据无疑是惊人的，有些孩子小小年纪就已经有了严重的心理问题。因此，当孩子已经累到无法实现延迟满足的目标时，家长应该让他放松休息。当然，这不单纯是行为上的休息，还包括接受孩子的现状、花时间帮孩子想轻松的办法、允许孩子选择让自己感觉轻松的事情等等。下面我们来看看这些办法究竟是如何给孩子带来积极作用的。

接受孩子的现状

微信上有一篇文章讲述一位青年，他在民办大学毕业后，在大城市找了一份薪水很低又很累的工作。有一天他给母亲打电话，说自己很累。母亲没有责怪他，而是说："孩子，累了就回家吧。"

青年回家后。母亲没有责怪他，而是见他瘦了就每日给他煮鸡蛋吃。他跟母亲说，自己想写小说，母亲也没有反对，而是帮他买来纸笔。终于，他写的小说如愿出版，他也成为一名青年作家。

接受孩子的现状是家长能允许孩子稍息的基础。这有一个最大的好处，就是孩子能跳出自己最不擅长的领域，好好反思一下自己到底应该做些什么，并为之付诸行动。案例中的青年就是如此。在母亲宽容的态度下，他在长久的摸索与磨炼后终于实现了延迟满足的最终目标，获得了自己的成功。因此，当孩子的延迟满过程受阻时，家长不要一味地催促努力，而是应该说一句："孩子，累了就歇歇吧！"

帮孩子想轻松的办法

低龄的孩子缺少自己解决问题的能力，所以家长应该帮助他们想轻松解决问题的办法。否则就会事倍功半，孩子越努力越疲劳，会离延迟满足的目标越来越远。

允许孩子选择让自己感觉轻松的事

有些事，即使孩子很努力却还是没有符合父母的预期，这很可能是孩子并不喜欢这件事。此时家长就应该让孩子自己做出选择。例如，有些家长认为学体育是很累的事情，但是有些孩子并不这么认为，他们把学体育当成娱乐，而不是负担，在这种心态和氛围下他们反而能够更加努力，更好地实现自己的目标。

此外，家长不要急于求成，要知道路是一步一步走出来的。家长可以根据孩子的目标给孩子制订合理的计划。只要孩子有所进步，就给予鼓励。一位作家说："优于别人并不高贵，真正的高贵应该是优于过去的自己。"只有在这样的理念下孩子才能坚定不移地走向成功。

4. 如何用正念战胜延迟满足中的阻碍

　　情绪波动大、行为极端、性格脆弱……这些都会成为孩子延迟满足过程中的巨大阻碍。因此家长要帮助孩子学会用正念去克服上述阻碍，孩子才能有正确的人生目标和和谐的人际关系。

　　关于正念这个名词，一位教育专家给出的解释是：正念是对当下的感知，是一种意识状态。它让我们不用关注过去或未来的状态，而是专注于当下。简言之，不悔过去，不畏将来，活在当下。据医学研究表明，儿童掌握了正念意识不仅可以降低压力，而且可以帮助孩子提高专注力、调节情绪、培养自我意识等等。

　　因此，我们需要一些更具操作性的方法，帮助孩子们学会如何使用正念的力量。

接纳孩子的行为

　　每个孩子都有一个发展阶段，在这个阶段之前他们不具备换位思考的能力，更不懂分享的意义。他习惯于通过自己去探索世界，了解人与人之间交往的模式。家长要做的就是接纳孩子不同阶段的不同行为，不要强硬地制止孩子，在孩子很小的时候，就给他灌输不能只想着自己的思想，这对孩子来说属于强人所难，对他未来的成长没有好处。

跟孩子表达爱

我们对爱意的表达方式与西方很不一样，我们的爱一般不会宣之于口，而是会用行动来向孩子展现。

比如当我们大声训斥孩子的时候，想的是"爱之深，责之切"这句话，但却在爱孩子的过程中忽略了训斥给孩子带来的伤害和压力。其实我们完全可以采用一种柔和的方式，让孩子更加直观地感受到你的爱。否则，孩子可能会觉得你过于严厉，根本就不关心他，进而对所做的事情也失去了热情，我们对孩子的管教就彻底失败了。

当你愤怒时请先停下来

德国著名心理学家弗兰克说："在外界刺激和你的回应之间有一个空间，在这个空间里，你的选择是自由的。"而正念就能帮我们打造这样一个空间。当我们面对孩子所做的事感到火冒三丈的时候，不要顺着自己的脾气马上发火，而是停一停，耐心地等待孩子的变化。

要是家长过于急躁，孩子的性格很可能会走向急躁或懦弱的极端，难以战胜延迟满足过程中的阻碍。

有些孩子很小的时候喜欢打人，但是过段时间这种行为就会消失。如果你非要去惩罚他，不仅无法制止，反而会让孩子情绪波动，影响孩子的身心健康。

不要对孩子太强势

你是否对孩子生气过，当时的表现又是什么样子的？当你因为气愤浑身颤抖、加大音量，双拳紧握时，孩子只会觉得你像怪兽一样可怕，如果这种恐惧与无能为力的感觉长期积攒下来，必将严重影响他的性格，未来极有可能做出让家长大吃一惊的事情，而到了这时再想管教就为时已晚了。

还有一些孩子，他们会因为家长的强势而变得叛逆。这样的孩子是很难有正念的，因为他们难以形成真正的自我意识，所有的行为和想法都带有赌气的意味，很难冷静下来构建自己的目标与理想。如此一来，就算在家长的督促下实现了延迟满足，也未必是自己真正想要得到的，所以让他的付出总有一种扭曲的味道。

此外，家长也不要通过苛责孩子来让自己拥有付出感。要仔细想一想，你是按照孩子的喜好付出的吗？如果不是，那么盲目的付出也等于妨碍孩子的成长。有首歌叫《寂寞星球的玫瑰》，有段歌词为"小王子深爱着玫瑰，天天浇水，玫瑰其实疲惫"。有时候孩子在面对父母强加的爱时，感觉也如同歌中唱得一样，会感到与日俱增的疲惫与压力。因此家长要尊重孩子的个性，不要过于强势的逼迫孩子按照自己的想法生活。

尝试跟孩子说"对不起"

作为成年人，我们的生活总是会遇到突发情况，很可能因此就会影响到自己和孩子的承诺，导致失信于孩子。但是我们又自持家长的身份，认为不必跟孩子道歉。其实这种想法是错误的。

孩子面对大人带来的伤害，表面上可能看不出想法，但心里却可能格外在意。他的注意力因在意而分散，会影响他自己的心情，也会耽误他做事的效率。因此，家长遇到自己做错的事时一定要及时道歉，让他们原谅你的失误，这样才能消除这件事对他的影响。

此外，道歉并不能解决所有问题。家长要是能拿出行动来弥补给孩子带来的伤害，孩子才会因为对你的信任，从而将这件事彻底释怀。这样在他以后面对你的承诺时，也不会担心最后的结果，而是认可你的方法，敢于尝试延迟等待。

孩子有了正念才能有正行，才不会因为顾虑延迟满足的结果而感到忐忑，而是能够不断地坚持，最后实现长远目标。他甚至会在实现目标以后再次主动寻求突破，让自己的人生更精彩。

5. 延迟满足是为了获得更好的结果

某日一条娱乐报道说，一著名主持人带领自己只有4岁的女儿徒步穿越沙漠。留言评论分为两个阵营，一种说，家长表面上是在锻炼孩子克服困难的能力，实际上却是在惩罚孩子和给孩子制造困难。长疹子、起水泡，对孩子成长有什么意义？另一种认为事情不需要看得那么深刻，这只是主持人为了吸引粉丝而作秀。

主持人带着孩子从甘肃张掖高台县开始徒步，行程76公里，时间4天，平均每日要徒步19公里。如此艰巨的行程，孩子居然也坚持了下来。主持人自己解释说，他之所以带女儿穿越沙漠是想让她明白，作为一个女孩，这一生更要学会坚持和独立。

然而不管主持人怎么说，网友都坚持认为主持人让自己女儿，一个四岁的孩子这么早就接受这样的考验是不对的。因为不管主持人本身是什么目的，在行动时都要量力而行，否则让孩子在小小年纪就遭遇如此大的磨炼，对孩子的身心都很不利。

一位教育专家说："延迟满足并不是只让孩子等待和坚持，也不是抑制他们的欲望，更不是单纯让孩子吃苦，却看不到回报。准确来说，它是要让孩子能为了完成自己的目标，在困境中能自我调节情绪并且继续坚持下去。"

简而言之，家长不应该对延迟满足的理论生搬硬套。举个最常见的例子，有的孩子哭着要喝奶，而家长却想锻炼他的忍耐力，就是不给。慢慢孩子不哭不闹了，家长就认为自己的方法奏效了。真实情况是这样吗？其实是因为孩子已经饿得没有力气或者对家长彻底失望了，他们才会安静下来，这和忍耐力并没有关系。

这与前文中主持人的教育方式同理，他以为女儿能走完全程是因为他锻炼了孩子的忍耐力，让孩子学会吃苦。但这也许只是因为孩子害怕脱离家长，所以才一步步跟随下来。

我们能够发现，惩罚和困境都不能真正培养孩子延迟满足的能力。而不切实际的人为制造困难还会给孩子带来恐惧。

有位妈妈说，她的宝宝小时候总让她给买奶糖，但她觉得吃糖伤害牙齿，就不给买。现在孩子大了，再也没让她买过奶糖，可能是不喜欢奶糖了吧。

这其实是因为妈妈的多次拒绝已经让孩子失望了，孩子逐渐将"要奶糖"划归为不可能被同意的事情，不对它抱有期望，所以也不会张口索要了。

我们对于孩子喜好的压制，就好像捏住了水管，一旦放开，冲击力远远大于从前。婴儿会因此感到痛苦，稍大点的孩子会争论发脾气，更有甚者会不听劝阻，自己用各种办法达成自己的目的。此时家长再想扼制，难度会变得非常大。

此外我们要知道，任何事只尝试一次，这种短暂的体验很难转化成能力，家长即使让孩子吃了苦，也相当于做无用功。

所以家长在培养孩子延迟能力时要注意以下几点：

及时满足

有位心理学家说："不到两岁的孩子，需要被及时满足，那么以后他就能安心等待了。因为他清楚自己想要什么，不想要什么，态度平和而且好商量。"所以家长应该及时满足时，不要刻意拖延。

及时拒绝

如果我们无法满足孩子的要求，应该及时拒绝，而不是故意拖欠。因为这种行为对于孩子来说等同于撒谎，在多次这种欺瞒行为之后，会让他以后很难再次相信你。

一位孩子想参加"乒乓球夏令营"。父亲本没有积蓄交活动费用，却还是口头上答应了。他想也许用不了几天孩子就会忘了这件事。可没想到孩子却始终没忘。

直到开营那天，孩子还在催促他交费用。他很不耐烦地说："家里什么经济情况你不知道吗？我就随口一说让你高兴一下，你居然还当真了。"

孩子听完不再催促，从此以后有什么要求也不再和父亲提起。

其实案例中的父亲完全可以告诉孩子，家里眼前经济紧张，一旦有钱了，就给他报名参加夏令营。或者直接告诉孩子，夏令营太贵，家里交不起学费。这样孩子知道了真实情况，既不会因为空欢喜一场对家长失去了信任，反而还可能因此更体谅家长，增强亲子关系。

告诉孩子延迟满足的原因

有些需要延迟满足的事，要及时告诉孩子延迟满足的原因，让孩子从根本上明白原因。以小事来举例，当孩子要喝热水而家里没有时，家长应该让孩子少安毋躁，告诉孩子把水烧开至少也要两分钟，必须让他先等一会；当孩子快考试了但还是想看动画片时，家长应及时告诉他，当下复习考试才是最重要的，动画片可以考完试再看。

通过这样的沟通，孩子逐渐明白延迟满足的道理，知道延迟满足的好处，再遇到需要延迟的事时就会静心等待努力坚持，这才能真正培养孩子延迟满足的能力。

真正能培养孩子延迟满足能力的方法，不是刻意地制造困难，而是顺应孩子的要求和成长规律，该满足就满足，不该满足就及时拒绝，潜移默化地让孩子明白道理，从而逐步提升延迟满足的能力。

6. 延迟满足的动力来自自己的目标

孩子的选择，很多时候并不涉及非黑即白的对错判断，只是孩子说出了自己的想法和偏好。可是一些家长却固执地把自己认为正确的行为强加在孩子身上，让孩子按照自己的想法行动，并认为这能帮助孩子接受延迟满足。其实这对孩子是很难理解的，如果压力过大，，孩子还很容易产生逆反心理。

为此，家长首先应该明确，让孩子主动接受延迟满足的动力，来源于孩子"活出自我"的个人追求、希望未来能够实现自己理想的渴望，以及他们对于自己人生的责任感与使命感。

如果一个孩子在某一方面不再坚持，很可能是自己的目标出现了改变，或者家长的教育方式出现了错误。这样孩子就会缺乏持久的学习动机，即使家长给再多的物质刺激也没有用。

学习动机的强弱能够决定孩子到底应该学什么以及他能主动付出努力的程度。此外，心理学家还特别指出，孩子学习的动机还离不开满足其需要的事物或情境。下面，我们来看如何让孩子在学习上能够一直坚持下去。

我把孩子的学习动机分为三阶段：第一阶段主要是外部的夸赞奖励；第二阶段主要是兴趣爱好；第三阶段则是来自内心的责任感。

小孩子起初的学习动机主要来自对外部世界的好奇及家长的夸奖和物质奖励。但是小孩子的好奇心多且短暂，很难长久维持，因此需要家长多给予鼓励和奖赏。

物质奖励是很多家长都在使用的激发孩子学习动机的方法。如一些孩子在一起交谈的时候会比拼父母给的奖赏，例如，"我爸爸说如果这次期末考试我考到前三名，就奖励我去香港迪士尼乐园玩。"这样的奖励制度本身并没有什么不妥，问题是家长需要了解，这些外部的刺激的作用会随着孩子的长大而逐渐变小，并且靠外部刺激产生的学习动机一旦达到了最初的小目标，动力就会下降，孩子很难继续沿着这个目标的方向努力下去。

另一方面，孩子为了拿到奖励，往往会采取避免失败的做法，或是选择没有挑战性的任务，这种逃避的方法对成长帮助不大。

夸赞奖励对于激发学龄前儿童的学习动机比较有效。孩子上小学以后，他们的学习动机更多地受兴趣爱好的牵引。

兴趣爱好是一种内部学习动机，而且维持的时间与效果都比较好。夸赞奖励对学习动机的维持短则三五天，长则几个月；兴趣爱好就不一样，虽然孩子也有几分钟热情的兴趣爱好，但一般情况下兴趣爱好对学习动机的维持时间会在几个月甚至一两年。当然，很多人也有陪伴一生的兴趣爱好，只是这种差异很难在孩子还小的时候分辨出来。

爱因斯坦曾经说过："兴趣是最好的老师。"这就是说一个人一旦对某个事物产生了浓厚的兴趣，就会主动去求知、探索、实践，并在求知、探索、实践中得到愉快的体验。

不过，一个人一生可能会对很多事情产生兴趣，所以一个人的兴趣爱好也是多变的。对于孩子来说，也不能完全靠兴趣爱好去学习，这样不仅容易放弃，而且常常会产生"偏科"现象。因此家长在尊重孩子兴趣选择的时候，还应该让他学会平衡，更好地完成自己的学习目标。

当一个孩子突然意识到他们每天的学习其实是为了自己的未来，他们也会从中找到学习动机，这种学习动机才是真正永恒的。这时，好奇心、别人羡慕的目光、老师同学家长的夸赞、爸爸妈妈的物质奖励、个人的兴趣爱好，这些曾经的学习动机要么靠边站，要么被责任感吸收进来了。

当一个孩子明白了要对自己负责后，他的学习状态就会像完全变了一个人一样。有兴趣的他们会学，没有兴趣但是有需要的他们也会学。真正快乐地学习一定是为自己而学的学习。俄罗斯文豪托尔斯泰曾说："一个人若是没有热情，他将一事无成，而热情的基点正是责任心。"

可见，家长要想办法把孩子的学习动机从外在的夸赞与奖励或是内在的兴趣和爱好，带到他们要对自我负责的高度，他就会保持对学习的热忱了。

7. 家庭角色的错误会影响延迟满足

　　家长培养孩子的过程中经常会出现一些问题，而产生这些错误的深层原因，主要就是对自己的角色定位不准确，若是不及时转变，很容易和孩子发生冲突，无法让孩子健康地成长。

　　法律上将父母的角色定义为：抚养人、监护人和平等的人。想要成为称职的父母，最基本的就是要扮演好这些角色，而很多家长其实并不清楚怎么样才算扮演好这些角色，下面就来为大家看看家长应该如何定位。

抚养人

　　所谓抚养是指父母要为孩子提供健康成长过程中所需要的物质与精神条件，但是不能无限度地溺爱孩子。即使孩子犯了错也依旧袒护、对孩子的要求轻易满足、允许孩子生活懒散、对孩子的事情包办代替等等行为，都是对孩子的溺爱。在这种环境下成长的孩子很难成为一个自食其力的人，又怎么能通过延迟满足实现自己的理想与目标呢。

监护人

父母作为监护人有两个基本职能，一是要保护孩子的安全，二是要防止孩子伤害他人，保护与监督孩子的成长。家长在履行自己责任的同时，也要注意不要管控太多，要理解监护与控制的区别，并且尽可能尊重孩子的个人意志。如果家长在这些方面出现错误，很可能会导致如下后果：

夏日，李蕾带着孩子去一家商场买东西。恰巧赶上该商场周年庆，商场为了庆祝将广场上的音乐喷泉打开了，几个顽皮的孩子立即冲进水柱中。李蕾的孩子也情不自禁地向喷泉跑去，可是他刚跑进水柱里面，就跌倒了。李蕾把孩子拉出来，即便孩子还想进去玩，李蕾也不理会，直接抱起孩子径直进入商场，完全不顾孩子的感受。

李蕾用抱起孩子走进商场这种直接且粗暴的方式解决问题，就属于对孩子的掌控。因为她既没有和孩子讲道理说明那里是危险区域，也没有在拉走孩子的时候询问孩子的感受，只是蛮横地控制孩子，用无法反对的行动让孩子顺从自己的意愿。

平等的人

我国大多数的家长都做不到与孩子平等相处，而这严重影响了家长对孩子延迟满足能力的培养。如果父母是高高在上的类型就会导致孩子缺乏主见；父母大包大揽的包办型，会延缓孩子责任心的觉醒；如果是不管孩子的放任型父母，那么孩子就会缺乏自律性，做事很难善始善终。因此，父母要学会平等对待自己的孩子。

那么家长该如何平等地对待自己的孩子呢？最主要的就是尊重孩子的感觉和感受。

我们先从交流谈起。大多数的家长习惯于对孩子训话，而且不允许孩子反驳。这样的孩子容易自卑，连自己到底喜欢什么都不知道，做任何事的时候最大的要求就是符合他人的要求，毫无创新，最长远的目标也只能是循规蹈矩地遵照以前人的经验生活。

另外，我们还要尊重孩子对外界的各种感觉，而不能单纯用自己的感受去判断。例如，有些家长会给孩子穿很厚的衣服，是因为他担心孩子会冷，而不管孩子是不是真的感觉冷，这样孩子感受不到家长的爱，反而会觉得十分不舒服。所以我们应该适时让孩子自己挑选所需之物，这样他才能学会对自己负责。而会对自己负责的孩子，才更有可能为了自己的目标选择承受或延迟满足。

还有，对于孩子的一些选择，即使家长看不顺眼，也最好不要评头论足。因为孩子做出这个选择必然有他自己的审美和考量。例如，一个孩子用零花钱买了一件翻毛的衣服，同学都说好看，孩子很高兴。可是家长一再说过时了、不好看，最后孩子再也忍受不了家长不断地挑刺，再也不穿那件衣服了。

家长能否为孩子培养出延迟满足的能力，与家长对自己的角色定位关系重大。如果你扮演好了以上三个角色，孩子则会在一个安全且自由的轨道上稳步前行。他的自主性、自律性、自控性都会得到充分提高，完全不用采用刻意的活动来培养孩子延迟满足的能力。

8. 如何帮助孩子 树立信念

　　说起孩子的信念，有些家长会不屑一顾地说："小孩子，哪懂什么叫信念。"要是你这样认为的话，可以回忆一下自己的童年时期，你会发现即使是很小时候的一些想法和坚持的原则也对你现在的人生有着重要的影响与意义。

　　但是孩子的信念并不是与生俱来的，而是在成长过程中慢慢形成的。父母在孩子信仰形成的过程中承担着重要的角色。很多人之所以一事无成，很可能是因为父母在他幼儿时期就总是说他不行，长久的打击让他失去了奋斗的勇气和信仰。同样有些人，原本可能也没有那么出色，但家长却给他传输了坚持到底、从一而终的信念，这些在信念中长大的孩子也会越来越棒，最终拥有不平凡的人生。

　　电影《摔跤吧！爸爸》中男主角马哈维亚曾是名摔跤手，因生活所迫放弃摔跤。他希望让儿子帮他赢得世界冠军。结果生了四个女儿，本以为梦想破碎的马哈维亚意外发现两个女儿身上的惊人的摔跤天赋，他决定不让两个女儿像其他女孩一样靠洗衣、做饭、生子过一生，而是成为世界摔跤冠军。于是他按照摔跤手的标准训练两个女儿，并帮助她们赢得一个又一个冠军，最终成为千千万万女性的榜样。

马哈维亚对女儿的训练，让女儿坚信自己会有不平凡的一生，并通过一次次地夺冠坚定了自己的信念，最后成为万众瞩目的体育明星。父母对孩子所讲的话也会起到这样的作用。因此，可以说，你的孩子将来会成为什么样的人。首先在于你是什么样的人。你是什么样的人，就会采用什么样的语言对孩子进行教育。如，你是一个容易自暴自弃的人，可能孩子只失败一次，你就会让孩子放弃。他怎么可能有延迟满足的勇气呢。

所以我们要改变自己对孩子的言行举止，让孩子因为有信仰，敢于在前进的道路上披荆斩棘，永不退缩。下面我们来看看家长该如何让孩子拥有信念。

给予积极的暗示

著名心理学家罗森塔尔教授曾做过一个关于心理暗示的实验，他让校长把三位教师叫进办公室，对他们说："我根据你们的教学成绩发现，你们都是我校的优秀教师。因此，我挑选了100位我校最聪明的学生，分成三个班由你们来教，希望你们取得更好的教学成绩。"

三位老师都表示尽力而为，在一年后验收成果时，这三个班的成绩果然在学校名列前茅。这时校长告诉三位老师："这些学生只是普通学生，你们也是我随机抽调的普通老师。"

罗森塔尔的实验给了我们一个启示：人在接收到积极的心理暗示后，他的行为也会因此改变，这种改变会让他更自信，直接让他的自身价值有所提高，这也让他能够实现心中的目标。所以家长不要总打击孩子，而是多加鼓励，给孩子一个积极的暗示。

逐步引导

孩子信念的形成可分为以下几个阶段：一是准备阶段，表现为把家长或老师的要求当成理想；二是自己独立思考的阶段，孩子会反复思考事物的内在含义，找寻自己的信念；三是职业选择阶段，即因为信念，决定进入某一领域。

因此家长要根据孩子信仰的形成阶段和年龄阶段去逐步引导。在准备阶段，可以用孩子能听懂的语言去引导他；待孩子有了自己的思想，就用一些哲理帮助他思考。这样教育孩子，孩子的信念会越来越牢固，也会越来越有动力去实现自己的人生价值。

榜样的激励

在信念方面，有很多值得孩子学习的榜样。家长可以根据孩子的兴趣去找相应的榜样来激励孩子。如果孩子喜欢体育，家长就可以给孩子讲讲女排精神；如果孩子喜欢科学，那么可以用居里夫人、爱迪生等人的例子给他启迪。

　　帮助孩子建立信念的办法还有很多，例如讲故事、做运动等等。孩子会把父母在他们面前的言行都保存到潜意识中，并逐渐形成孩子自己的信念。这个信念决定了他接受延迟满足的时间和为了实现延迟满足所能够付出的努力。

9. 鼓励孩子
更新和完善自己的目标

一位父亲带儿子去宠物市场，发现儿子非常喜欢一条狗。但是那条狗标价7000元，相当于他一个月的工资，他没能马上买给儿子。但是他一直没忘了孩子眼神中对小狗的喜欢之情。

两周后，他的工资发下来，马上去宠物市场购买了那条小狗，准备回家给儿子一个意外惊喜。

可回家后，儿子一直聚精会神地玩游戏机，面对父亲带回来的小狗，只是毫无兴趣地摆摆手，叫父亲暂放一边，不要影响他玩游戏。

一位作家说："其实这世上哪有那么多永远喜欢，只是没有更好的东西来交换而已。"这句话正是对案例最好的总结。有些家长以为孩子会一直坚持向最初的目标努力，其实不是这样的，孩子的兴趣是多变的，很容易在实现一个目标的过程中就因为爱好的变化而改变了目标。

这种事情发生儿童身上尤其正常。因为孩子的兴趣还没有真正的形成，他会出于好奇不断地更改兴趣。那么我们面对孩子这种频繁改变兴趣的现象，应该怎样做呢？

有意让孩子做一些尝试

如果家里的经济条件允许，应该让孩子多做一些尝试，这样孩子才能找到最适合自己的兴趣。当然，这种多方面的尝试也不是放任自流。有的孩子天生兴趣广泛，导致每一个兴趣方向都不能深入学习，这时家长就需要替孩子进行挑选。如果有的孩子因为见识少，不敢尝试新的活动，家长也应该引导孩子多了解、多接触这些不同的方向。

观察孩子的兴趣

家长在日常生活中，可以通过观察孩子的活动习惯、活动能力、身体条件、专注时长等去判断孩子喜欢什么，然后有意识地培养孩子这方面的爱好，久而久之，会受到良好的效果。

著名书法家王羲之，有一次轻声走到正在认真写字的儿子王献之身旁。发现儿子正在聚精会神地写字没有注意到他。他便悄悄走过去拔儿子的笔杆，居然没拔动。他高兴地说："我儿必将在书法上出名。"

后来，王献之的书法果然闻名天下，被后世许多书法家学习。

王献之对书法如此专注，可见这是他的兴趣所在；父亲没有拿走孩子的笔杆，说明孩子写字运笔十分用力，行笔沉稳，是学习书法所具备的先天优势。因此，王羲之坚信儿子以后必然在书法方面有所成就，最后儿子的成就也印证了他的预言。

孩子的兴趣，离不开家长的慧眼。如果家长不能发现孩子的兴趣所在，很可能把孩子的兴趣和天赋抹杀浪费。

将主动权给孩子

有些家长觉得孩子小不知道什么是兴趣，于是不问孩子就按照自己的喜好给孩子报了兴趣班，强制孩子去参加。这种情况下孩子没有自我选择的权利，必然找理由来躲避学习了。

此外，对一些大点的孩子来说，他可能比父母更清楚自己需要什么，在这方面能做到什么程度。因此父母应该尊重孩子对兴趣的要求。把选什么、是否选的主动权交给孩子，这样才能调动孩子积极性，有助于孩子主动学习。

鼓励支持

孩子越是年幼，掌握技巧需要的时间越长。如果他失败了，家长也不要马上指出他的不足，因为对于幼儿的兴趣学习来说，体验快乐比技法提升更重要。只有孩子感受到了快乐，才愿意去继续学习。

合理安排时间

要激发孩子的学习兴趣，就应当合理安排孩子的时间。如果持续学习的时间过长，孩子就会有抵触心理，从而降低学习兴趣，影响学习效果。

家长切记，在孩子的兴趣上反复尝试并不会阻碍孩子的成功，反而会帮助孩子在学习的道路上坚持不懈，让孩子一生都因努力而喜悦。

10. 孩子犯错正是家长教育的好时机

好友经常跟我抱怨她的孩子太过任性。

不久前，他们一家去郊游，半路遇上了堵车。因为堵得时间太长了，孩子无法忍受，于是解开安全带、脱掉鞋，在座椅上跳来跳去。朋友觉得儿子的行为很危险，便警告儿子乖乖坐好。

说了很多遍孩子也不听，好友便有点恼火，强行把孩子按在座椅上，把安全带系好。孩子不愿意，于是大发脾气，又哭又闹，任好友怎么劝也不肯停下来。

这时交通已经畅通了，本在专心开车的朋友丈夫回过头说："现在路面上车少，你给儿子的安全带打开吧。"

好友见儿子哭得厉害，只好打开安全带，只是警告儿子不系安全带的危险。儿子并不在乎，只是假装在听。

不一会儿他们就碰上急刹车，儿子直接从座椅上摔了下去。然而本以为会哭闹的儿子还没有等好友把自己抱回座椅，就自己爬起来，乖巧地坐回座椅并系好了安全带。

好友很惊讶，没想到孩子这么快就有了安全意识。

大多数家长面对屡劝不听的孩子都会感到失望，认为孩子的这种态度必然会耽误自己的成长。甚至当孩子吃亏时，家长还会认为其活该，完全意识不到犯错正是教育孩子的最佳机会。一位教育家说："让孩子快速成长，只是教育是不够的，还需要教训。"上文中的孩子就因为经历了不系安全带的危险，才具有了这方面的安全意识。

孩子犯错，很多时候并不是因为任性，而是因为无知导致的无畏。所以父母要接受孩子会犯错的事实，把犯错当成教育孩子的最佳时机，从而帮助孩子快速地成长。

那么该如何才能借助孩子犯错的时机去教育孩子呢？我们首先要了解孩子犯错的原因，随后办法才能奏效。

儿童心理学上把孩子犯错的原因归为三类：

第一类：家长没有妥当地讲解内容，孩子因信息缺失或混乱犯错。例如，许多家长告诉孩子好好吃饭，却没有说究竟该怎么做才算是好好吃饭。于是孩子以为只要吃得多就可以，于是养成了很多不好的饮食习惯，像是一边看电视，一边吃饭；只吃菜，不吃饭，等等。孩子都不知道好好吃饭的标准是什么，自然会因此犯错。

第二类：家长让孩子遵守毫无意义的规则，孩子因违背本性而犯错。比如有些家长担心孩子跌倒，就不允许孩子跑和跳。这直接违背了孩子好动的天性，孩子下意识作出的行为在家长眼里都变成了犯错。

第三类：犯错后家长没有正确地处理。例如，有时候孩子会有意无意地损坏一些物品，而家长不仅不加以阻止和责备反而还给孩子买了新的玩具。这种行为会让孩子以为自己的行为是正确的或者被默许的，以后很可能为了新玩具而故意造成破坏，甚至在长大以后，也会在类似情况下犯错。

在孩子犯错时正确教育孩子的方法有以下几点：

理解孩子的脾气

做错事还发脾气，是许多孩子都会有的行为。此时他根本不会听父母的话，更不会反思自己的错误。因为他的情绪正处于激烈的斗争状态，要是父母还在这时候指责他，他只会更加恼火。如果父母能够先平静下来，不去刺激他，孩子发脾气的时间反而不会太长。

所以我们要理解孩子的脾气，在孩子情绪激动的时候，我们要做的不是让孩子知道对与错，而是让他先平静下来。

观察和倾听

父母在发现孩子的错误之后不要马上生气或悲观，应该先去了解孩子犯错的真正原因。只有知道了原因，才能在之后和孩子更好地沟通，让孩子按照正确的方式去改正。

有一个收入微薄的家庭，父母因为担心女儿营养不良，每天都煮两个鸡蛋给女儿做早餐。有一天父亲下班回到家，发现厨房的碗里居然有一枚剥完皮没有吃的鸡蛋，顿时很生气。

他对女儿说："你不吃就不该给鸡蛋剥皮，这一天时间剥了皮的鸡蛋肯定放坏了，你可真是浪费。"

女儿的表情十分委屈。父亲马上意识到，自己可能说错了。

"爸，妈妈这几天身体不适，我想剥一颗鸡蛋给她吃，可是她一直没醒。我就把鸡蛋放在碗里了。"

父母听到女儿的解释后，马上向女儿道歉，并告诉女儿剥了皮的鸡蛋会接触空气中的细菌，容易变质。女儿马上就理解了。

我们有时候责备孩子犯错的原因，是因为在不知道孩子的动机下就立马从结果上做判断。就像案例中的父亲，他知道剥皮的鸡蛋放一天会坏，却没有想过以女儿的见识很可能并不了解这些知识。此时，他只要能够心平气和地把道理告诉给女儿，女儿就会牢记在心，之后不会再犯错。如果他不倾听女儿的解释，女儿则会因为父亲的误解而伤心，而且在犯错后一无所获，仍然不知道怎么改正。

不断给予正确引导

一位小男孩从小就缠着哥哥陪他玩。后来哥哥学习绘画，他的行为让哥哥无法安心画画。母亲告诉他，以后哥哥画画的时候，不许去打扰哥哥。起初，小男孩总会忘，母亲制止几次后小男孩再看到哥哥画画，就会耐心地等哥哥画完，再找哥哥玩。

孩子都会犯错，而家长正确的引导则会让孩子明白应该如何改正。但对于年纪小的孩子来说，家长只说一遍的事情他们很难记住，于是为了不让孩子一直犯错，家长应该不厌其烦地多次去和孩子解释，最终让孩子理解并记住对的做法，这才是家长教育孩子的正确方法。否则惩罚、怒斥并不能让孩子理解，反而会给孩子带来伤害。

因此，家长面对孩子犯错，首先应该不带评判的聆听一下孩子的解释，在这之后视情况给予指导，既不能溺爱孩子不进行追究，也不能一味地指责孩子，让孩子不知如何改正。这样家长不仅会失去教育的良机，还会影响孩子的健康成长。

第五章

怎样让孩子做到延迟满足

1. 树立孩子的自信有利于延迟满足的实现

美国教育家卡耐尔指出，自信是一个人相信自己有力量克服困难并实现自己愿望的力量。它能让人实事求是地评估自己的能力、知识，虚心接受他人的意见。

因此，许多家长都知道，有自信的孩子才能战胜延迟满足的考验。

但是很多孩子不仅缺乏自信，甚至还有些自卑。例如，不相信自己会获得更高的分数、觉得自己不配做某个人的朋友、认为自己的努力毫无意义等等，这对孩子的学习、交友十分不利。

那么，家长该怎样帮助孩子建立自信呢？可以尝试通过以下六种方法，帮助孩子快速建立自信。

理解孩子

许多家长在孩子犯错后，会对孩子大声斥责，甚至对孩子本身的价值全盘否定。这样做不仅会打击孩子的自信心，还会引发孩子的逆反心理。因此，家长首先要理解孩子做错事的原因，再给以宽容和鼓励，这样孩子才会充满自信。

让孩子关爱他人

孩子通常都是被身边人关爱的对象，所以他不了解自己究竟能给别人带来什么。家长引导他关爱他人，会让他产生一种被人需要的感觉，这既能让孩子变得有爱心，也能让孩子更加自信。

不要当众指责孩子

有些家长很喜欢当众指责孩子，希望陌生人的舆论能让孩子认清自己的错误。但这样会严重伤害孩子的自信心，情况严重还会导致孩子自卑、内向，所以家长要改掉这一"陋习"。

让孩子有一技之长

许多孩子不自信是因为他觉得自己没有什么可以向别人展示的技巧。例如唱歌、舞蹈、绘画这些能够被人称赞的能力。所以家长应该从小培养孩子一技之长，让孩子提高对自己价值的肯定。此外，随着就业竞争力的加大，孩子的一技之长也会对他未来的职业发展起到一定作用。

帮孩子认清自己的优势

许多家长只关注孩子的缺点，却完全无视了孩子的优点，这样只让孩子改正缺点的教育会使得孩子的性格变得越来越自卑。而帮孩子认清自己的优势，则能让孩子变得自信。例如，有些孩子不够聪明，但是做事认真，这个认真就是他的优势。父母发现孩子这项优点就应该告诉孩子，"这世上所有的难事最怕认真二字"让孩子知道自己的这项优点是被人肯定的，从而不断提升孩子对自我价值的判断，培养孩子的自信。

让孩子自己做决定

我们总会面对一些难以抉择的事，孩子也如此。当孩子犹豫不决时，我们家长应该给孩子提供一些建议，然后让孩子自己做决定。如果孩子的抉择是正确的，那么这次的成功必然会提升他的自信。就算孩子选择错误导致了失败，这也会让孩子更有勇气去面对之后的选择与挑战。

自我表达

当孩子哭泣的时候，许多家长大声训斥孩子"不要哭"，而不先问清孩子为什么哭。这给孩子的感觉就是，哭是不好的、哭会被别人讨厌。久而久之，孩子会担心一旦展示自己的情绪就会被人否定，因此表现得畏畏缩缩，十分不自信。遇到此类情况时，家长应该为孩子做的是让孩子敢于表达真实的自我，不要因此在乎别人的眼光，只有让孩子接受自己，孩子才能更自信。

自信是一种内在的精神力量，它能鼓舞人们去克服困难，不断进步，让孩子藐视困难，有勇气有毅力地面对各种挑战，并最终实现自己的理想。

2. 别让孩子把中途的失败当成最终的结果

只会教育孩子冲击目标却不会教育孩子该怎样面对失败，这种教育的缺失导致许多孩子受挫能力不足，不能以平常心看待失败，因为害怕失败而不敢选择延迟满足也不敢选择任何一种需要长期付出的学习方法。甚至于本来能成功的事也因为一些小挫折而不敢执行。为此，家长应该认真思考如何培养孩子成为一个坚韧的、不会轻易退缩的人。

创造坚韧的家庭氛围

英国教育学家安吉拉认为，父母想要让孩子变得坚韧，首先应该做的就是创造一种坚韧的家庭氛围。

我们经常看到，很多坚韧的父母培养出了同样性格坚韧的孩子，因为耳濡目染的教育才是最深刻的学习。因此，父母在教育孩子不要轻易放弃时就要向孩子展示出自己坚持不懈的样子。例如，长期坚持某项体育运动、面对工作或生活上的难题不轻言放弃、面对困难积极克服等等。当孩子把父母的坚韧当成一种可贵的人生态度时，就会把它内化为自己的品质。

经典电影《当幸福来敲门》的故事开端是推销员克里斯尽管勤奋努力，却还是被公司裁员，妻子琳达也为了生活离他而去，最终只留下他和5岁的儿子相依为命。

虽然他好不容易在一家声名显赫的股票投资公司找到了实习的机会，可是实习期间没有薪水，而且还要承担90%的实习生都不能通过实习期的风险。但是他还是选择了尝试，且得到了儿子无怨无悔的支持。

因为没钱付房租，他们被房东撵出了公寓，他们夜晚只能睡在收容所、地铁站、公共浴室等地，为了糊口，每天排队在救济所领救济。但生活的穷困并没有压垮克里斯的精神，他坚信只要每天努力，幸福就一定会到来。苦心人天不负，最后克里斯在实习期后成功留下并成了一名投资专家。

克里斯的儿子能无怨无悔地支持父亲的选择，不只是源于对父亲的爱，还在于认可父亲的人生态度。家长坚持不懈最终有所回报的故事对培养孩子坚韧不拔的性格很有说服力，它让孩子相信百折不挠，且勤奋努力的人一定会获得成功。如果我们也能学习电影中的父亲，孩子也会把你当成榜样。

帮孩子做出选择

孩子因失败萌生退意后，很多会第一时间给父母打电话征求意见。这时父母应该针对孩子的具体情况帮他做出选择，给孩子坚持的信念。

一万小时定律

认知心理学家爱利克·埃里克森专门研究拥有卓越技能的人。如奥林匹克运动员、著名钢琴家、芭蕾舞女演员等。他发现这些卓越的人在训练的时间上几乎都达到了一万小时。在这一万小时之中，他们最用心的地方是改善自己的弱点和挑战从未达到过的高度。这个过程令他们经历了无数次挫败，但也让他们的技艺得到了极大的提高。

对于家长来说，孩子虽然没有时间真的练习一万个小时，但依旧可以进行更多的练习，并在不断的练习过程中获得进步。

平常心

家长面对孩子的失败，不要表现得一脸焦虑，这会让孩子觉得问题十分严重。其实我们都知道，失败对于每个人的一生来讲只是一段经历，家长应该把这样的心态传递给孩子，这样他们才有勇气面对失败，并迅速调整心态，用平常心继续努力，最终取得胜利。

转移孩子的注意力

有些孩子非常在意失败，而且面对失败，会失去信心，丧失斗志。这时家长应该转移孩子的注意力，并且通过其他方式让他重拾信心。例如，一对父母带考试失败的孩子爬很高的山，告诉孩子只要一步一个脚印的努力就没有不能战胜的高度，最终孩子在成功登顶的喜悦中放下了对失败的执念，回去后扎扎实实地学习，最终通过了考试。

　　孩子若没有坚韧的性格，天赋、技术都很难转化为自己所拥有的能力。而且，孩子在未来的工作中还要多次面对自己一点也不了解的事情，如果不能坚持不懈地去尝试解决问题，必然会影响工作。因此家长要培养孩子坚毅的性格，这样孩子才能靠坚持获得胜利，从而做任何事都有坚定的信念。

3. 坚持不懈地努力，目标一定能达到

努力，目标一定能达到，这是孩子肯主动延时满足必备的心态。孩子拥有了这份信念，才会踏实的学习，而不是为未知的结果担忧。

但是想要做到这一点谈何容易，尤其是许多家长在培养孩子方面追求高效，他们会以结果和回报去评估耕耘的价值。

家长想让孩子变得坚定从容，首先要除去自己的功利心。因为你不急于求成，孩子才不会急躁；你不苛求后果，孩子才不会因担心结果不好忧心忡忡，产生畏惧学习的情绪。

明朝著名书法家文徵明七岁的时候还不会说话，也不聪明，街坊邻居都不认为他是可塑之才，但是父亲文林却不这样认为。不仅自己对文徵明言传身教。每次与好友聚会时都要带上儿子。一是让儿子增长眼界，二是让文徵明拜她的好友们为师。文林的好友都要为人正直、宽厚，且博学多才之人。

文徵明曾学文于吴宽；学书于李应祯；学画于沈周。可以说，他从小就是在鸿儒、文士的熏陶下成长的。不仅学识丰富，而且在做人上也继承了老师的风范。

他长大以后，多次参加科考，但尽数落榜，父亲深知孩子的秉性和官场的黑暗，没有指责过他。他后来放弃仕途，潜心书画，成为吴门书派的领军人物。

文林对儿子的培养值得许多家长学习。因为孩子七岁还不会说话，且不聪明，大多数父母都很难再精心教育孩子了。可文林不仅让孩子向自己的好友学习。还注重孩子学习的丰富性。首先从教育理念上讲，这是"先天不足，后天可补"。再从教育的过程来看，文徵明转益多师，所以才知识丰富。这正是培养孩子该有的态度和方法。

此外，文徵明虽然学识渊博，却仕途不畅。父亲因为了解儿子天性和官场的黑暗没有去指责他。是源于对，所以儿子才能在毫无压力的情况下，潜心书画。从文艺上取得让世人瞩目的成绩。

其次，孩子在耕耘的时候，父母应该告诉孩子耕耘的方式和方法，不能让孩子只是低头劳作，却不看前方的路。这就如同种地，只把种子种到地里，不管土壤的属性和种子的属性，任其野蛮生长。这样的耕耘很可能给孩子带来消极的人生态度。

只管耕耘，不问收获既是一种态度，也是一种选择。孩子要找对方向，并俯下身来努力耕耘，才能在机会来临时，一展身手，直挂云帆济沧海。

4. 走出舒适区 才能实现长远目标

　　舒适区这个名词大家都很熟悉，可具体怎么划分舒适区，又为什么要走出舒适区呢？

　　舒适区是心理学上认知事物的一种状态，指人处在日常的状态下，过着习以为常的生活或者学习一些毫无难度的知识。属于认知事物的低级阶段。中级为学习区，指人在具有一定挑战的情境下，生活、工作或学习。高级为恐慌区，指超过人能力范围或让人心理严重不适的情境，如当众演讲，等等。如果我们一直让孩子待在舒适区，长久发展下去不利于他的身心健康。

　　琪琪是一个4岁的女孩，有一天母亲带她去公园玩，可是她却不愿意进公园里游乐场的大门。母亲问她为什么不愿意进游乐场。她说那里全是他不认识的小朋友，她不愿意跟他们玩。

　　母亲原以为琪琪不喜欢那些游乐项目，听了孩子的解释才恍然大悟，原来琪琪是不愿意去一个陌生的环境结交新朋友，这使她感到压力巨大。于是母亲等公园没人的时候带琪琪去公园玩，后面到来的小朋友主动跟琪琪打招呼，琪琪慢慢也开始和周围的小朋友一起玩了。

我们都愿意待在舒适区里，何况是小孩子。但如果家长不能引导孩子走出舒适区进入学习区，他就无法面对新的环境，必然会影响孩子的成长。

为此，我们先要找出小孩子不愿意走出舒适区的原因。

一、对未知的恐惧

无论孩子还是我们都会有对未知的恐惧。只是孩子会更多一些。因为我们有着各种各样的生活经验，对一些未知的事件能预测结果，但是孩子却不行，他们会把一些小事也赋予恐惧的色彩。

这些害怕的来源可能是结识新朋友，也可能是学习一首新儿歌，对他们来说周围环境的一点改变都会让他们产生不安的心理，因为有限的阅历让他不知道这种变化会出现什么意外，所以为了保护自己而不愿意走出舒适区。

二、担心自己做不好

有些孩子不愿意走出舒适区的原因并不是对事物本身的恐惧，而是害怕自己什么都做不好。比如有些不够自信的孩子，每当他们去学习新鲜事物的时候，很容易因为一点挫折就放弃尝试。因为他们害怕面对自己的失败，害怕如果自己的新尝试再次失败会被别人嘲笑，或者害怕让家长对自己彻底失望。

要是家长此时还急于看到成果，或者指责孩子不能坚持，那孩子就会更加害怕了。这种畏惧的心理会在未来很长一段时间影响孩子的心理发育。

那么，家长该如何引导孩子，才能让他勇于走出舒适区，为成长扩展空间呢？

及时的心理辅导

刚走出舒适区的孩子有可能会遭遇失败的阵痛。这时家长一定要进行心理辅导，否则他会因失望退回舒适区。此外，家长不要因此而批评孩子的失败，而是应该肯定他敢于挑战的勇气，并给予他们奖励。让他们知道勇于挑战就是进步值得表彰。

给孩子足够的耐心

孩子走出舒适区需要一个逐渐适应的过程。在这个过程中，家长要给孩子足够的耐心，并提供可参考的办法。例如，当孩子学一门新课程时，很容易出现一些基础的问题。家长不要因为帮助孩子纠正问题的烦躁选择责怪孩子，而是要去了解孩子所学课程的体系，理解孩子，然后帮助孩子进步。例如现在很多人选择学习美术，这种学习在起初就是画简单的几何形体，然后慢慢过渡到石膏像，打好基础之后才会开始更多的创作。很多不了解的家长会觉得孩子的进度太慢，从而嘲讽孩子的天赋，这种教育必然会加强孩子走出舒适区所要面对的障碍。

孩子走出舒适区后，在成就感的催化下会产生乐观的情绪。这样的情绪如同一把利剑，让孩子在成长的道路上披荆斩棘，对世界拥有更多地了解。

5. 不从众，坚持自己的目标

诗经秦风《蒹葭》中有诗句："蒹葭苍苍，白露为霜。所谓伊人，在水一方。溯洄从之，道阻且长；溯游从之，宛在水中央。"描写了男子对心仪对象的执着追求让他完全无惧道路的险阻和漫长。孩子为了实现自己的目标与梦想，也要具有这种精神。

可是，许多孩子都很难做到坚持不懈、不惧艰险。这很可能是因为他们追求的那个目标不是他真正喜欢的，而是大多数人都选择的道路。

这种表面上坚持的目标不是孩子真正想要达到的目标，孩子对它的实现没有内心的动力，因此，孩子很快就会丧失兴趣感到疲惫，这会让他们的学习变成一种应付差事，并不是真正有意义的学习。

遇到这种情况，家长应该让孩子通过以下方法，找到适合自己的道路，并有所收获。

敢于独辟蹊径

所谓独辟蹊径，就是不从众。不仅不做大家都做的事，还包括对大家都认可的道理具有怀疑精神。例如，许多人都认为"木桶理论"最正确，花费大量的时间弥补短板，荒废了对自己长处的培养，最后耗费了大量的精力也只是让自己的不足稍微得到了一点改善。等进入职场，才发现职场重视优势互补，自己因为没有某方面的特长而竞争力薄弱。所以孩子要有独辟蹊径的眼光和勇气。

放弃自以为是的志气

有些孩子看上去很有志气且努力认真，一定要在某个方面超过别人。但这很有可能是在拿自己的短处去和别人的长处去竞争，导致最后走了很远的路，也没有获得自己喜欢的东西。等想要转向时，发现和别人的差距很大，斗志全无。

刘诗是一位非常帅气的男孩，同学都觉得他适合学表演。可他却听从父亲的要求学习了并不喜欢的绘画，并立志考上专业的美术院校。结果他连考四年也没有考上。

他和学表演的好友说："其实我也喜欢表演，只是学画画这些年花了家里40多万，我爸一定不会允许我改行。此外，我半路出家，也很容易被淘汰。"

像刘诗一样的孩子很多。他们的选择是父母决定的，可是自己却抱着"有志者事竟成"的信念苦苦坚持。可惜这种坚持的结果总是收效甚微，不尽如人意，无法和他人竞争。而原本的长处也因为荒废，更是与对手相去甚远。可见，不建立在理性上的志气等于海市蜃楼，再怎么努力都是徒劳无功。

差异化竞争

差异化竞争是商业界倡导的一种理念，但同样适用于孩子提升竞争力。例如，大家写题目一样的作文，你的立意新颖、卷面工整，由此带来的竞争力并不弱于文辞优美、逻辑严谨。所以不必因某一方面没有优势，就自我否定，失去了尝试的勇气。

一位教育家说："人活着容易，但是想以自己喜欢的方式活着不易。"因为你无人参照，要摸索的道路险阻且漫长。但正是这样的漫长，才能成就独一无二的你，让你实现自己的理想。

6. 自满是延迟满足的大敌

2021年8月1日，我国田径运动员苏炳添在东京奥运会男子100米半决赛中跑出了9.83秒的好成绩，刷新了亚洲纪录。记者问他："你已经三十二岁了，是什么让你保持着如此好的竞技状态？"

苏炳添说："永不自满。"

可是有些孩子稍有成绩，就变得自满骄傲，认为别的同学没有自己聪明，从而松懈下来。殊不知，学习如逆水行舟，不进则退，一时的松懈换来的就有可能是巨大的失败。家长们应及时帮孩子克服这个坏毛病。

让孩子正确评估自己的能力

一位心理学家指出，我们想象中的自己要远比现实中的自己强大。孩子也是如此，他们社会阅历不足，很难正确评估自己的能力，尤其是取得一定成绩后，更是认为自己有能力做到别人做不到的事。这个时候家长应该帮他测试一下自己的能力，客观评价他的优缺点。这样他才能知道自身的不足，从而努力地学习。

让孩子明白自己成绩好的相对性

孩子的好成绩也是有相对性的。有时候成绩好只是与班级里的其他人相比，要是与其他班级的人比未必会高。这种相对性再扩大到全市、全省，那原本班里拔尖的孩子实际可能只是中等水平。再加上每个省考试的难易程度不同，你的成绩无法证明你在全国就是出类拔萃的。

此外，成绩好具有时效性。你现在好不代表永远好。若是下次考试的题型变了，还有可能让孩子备受打击。

李浩期中考试的时候，语文只丢了7分，这让他无比骄傲。可是到了期末，原本很有信心的语文却丢了接近30分。这样的落差让他十分沮丧。其实原因很简单，期中的试卷有填空、选择、问答题三种题型，可是到了期末却只剩下了问答题。他组织语言能力差的短板在试卷上表现得十分明显，所以失分严重。

许多学生都面对过李浩这样的情况，甚至遇到过更加难以解决的问题，这让一些认为自己成绩好而不再努力练习基本功的同学成绩一落千丈。因此，孩子必须明白自己学习好的相对性，这样才能知道自己的不足，并加以弥补。

让孩子明白知识的无限性

孩子就算精通一门学科，也不代表完全掌握了这门学科的知识。此外，很多知识都需要相关的其他知识做支撑，只掌握一门是完全不够的。就拿文学评论来说，我们要研究魏晋时期的文学，就必须了解当时的历史，否则你说不清楚他们风格产生的由来与社会基础。所以家长要让孩子明白，自己的知识很有限，还需不断进取。

让孩子意识到自身的不足

孩子成绩优秀并不代表他每个方面都好。也许他在某一方面有严重的不足而自己还没有发现。

正确对待自己的成绩

孩子面对自己的成绩单时，要全面分析让自己获得高分的原因。是学习态度带来的，还是试题比较适合自己。如果是侥幸，切不可骄傲自满；要是学习态度带来的，就延续以前的学习态度，以求有新的突破。

鲁迅说："不满足是向上的车轮。"孩子只有不满足于当下的成绩，才能对知识孜孜以求；对未知的事物做出大胆的尝试，从而取得更大的成功。

7. 独立思考的孩子
会主动接受延迟满足

英国社会学家玛丽·戴丽曾针对牛津大学的女大学生做过一份择偶调查。大多数女生都表示，拒绝"妈宝男"。所谓"妈宝男"最大的特征就是，他们没有独立思考的能力，所有的决策都要听从妈妈来安排。这样没有自己思想、没有责任感的人岂能托付一生。

同时，据研究发现，独立思考能力强的孩子比同龄人拥有更强的学习能力、自理能力。他们评估问题和解决问题的能力更出众。这让他们在学习和活动中拥有更出色的表现。

下面我们就来看看，如何培养孩子独立思考的能力。

学会表达观点，并有理有据

善于独立思考的孩子要善于提出问题，还要学会有理有据地表达自己的观点。

阅读

孩子无论读小说，还是科普类知识，都离不开独立思考的能力。

针对性练习

我们为了提高孩子独立思考的能力，可以对孩子做一些针对性的练习。例如围绕孩子常见的事情展开提问。

1.购物

两条街道上各有一家超市，卖的同一种面包差价1元，你为什么会去售价贵的超市买面包？

孩子能考虑到的因素有：时间、保质期、距离、相关产品、超市声誉，等等。这些思考能提升孩子的生活经验。

2.纪律

你的朋友李雷总是上学迟到，你能想出他为什么迟到吗？有没有不迟到的办法啊？

孩子会做以下思考：迟到的原因是家距学校距离远、上学的公交车很少、李雷喜欢睡懒觉、他不爱学习、无视纪律；想让他不迟到就要搬家、提高学习兴趣、作出惩罚等等。

这样不仅能锻炼孩子的思考能力，也能让孩子自己重视规则，今后减少这类问题的发生。

3.旅行

你打算爬一座高山，但所带的衣物只能有一件，你会怎么选择？

　　孩子们会考虑：高山的气候条件、陡峭程度、是否当日能返回家，等等。

　　家长应针对孩子成长所需的方方面面多提出一些问题。孩子有了独立的思维方式，等他以后面对问题时，就不会盲从或武断，而是根据实际情况认真思考。最终找到适合自己的解决方法。

　　我国教育学家夏青认为，让孩子独立，是家庭教育的终极目标。因为这代表着父母可以对孩子彻底放手了。因此家长必须培养孩子独立思考的能力，它是独立的前提。只有当孩子有了这种能力，他才能更好地面对未知的事物和生活。

8. 如何让孩子
远离不良情绪的泥沼

一场足球比赛中，吴洋单人带球杀入禁区，被对方后卫拉拽了球衣，他马上停止进攻，与裁判吼叫，怪裁判没给点球。对方后卫趁机长传球，化解了一次危机。

随后吴洋又一次单人带球杀入禁区，又被对方后卫拉拽，他又停下来，辱骂裁判有眼无珠。最终被裁判罚下场之后还喋喋不休，气得浑身颤抖。

围观球迷都认为他不够聪明。他完全可以先射门，再让裁判裁决犯规事项。

其实他未必不够聪明，只是一时间被不好的情绪冲昏了头脑，才做出不够理智的行为。许多家庭都有像吴洋这样的孩子，如果家长不能教会他们克制情绪，孩子不仅会犯错，还会因情绪问题影响身心健康。

为此，心理学家研究出了很多帮助孩子克制情绪的方法，通常从以下几个方面入手：

以身作则

这一点是家长最难做到的。先不说孩子的又哭又闹让他们不胜烦躁。就说生活中和工作上的琐事，也足以让他们迁怒于孩子。但家长必须克制情绪，这样才不会让自己的坏情绪感染了孩子。不然孩子以后很可能把发怒当成解决问题的方式，从而给自己惹上麻烦。

创造宽松的环境

教会孩子克制情绪，并不是压抑孩子的情绪，不让孩子表达，而是允许孩子发脾气，但是不能因为发脾气影响了正常的学习和生活。要是家长发现孩子在努力压抑着情绪，还应该主动帮他释放情绪，让他更乐观的面对生活。

循循善诱

孩子心里有心事，很可能会找父母倾诉。这个时候，父亲千万不要因为觉得孩子说的事无关紧要，或者违背自己的理念，就对孩子冷漠或发火。而是应该心平气和地听孩子诉说，同时用自己经历过的类似体会对孩子进行开导和劝解。这样孩子才能释放自己的情绪，保持心理的平衡。

李东闷闷不乐地回到家。母亲问他："是不是考试没考好？"

"不是，是我不爱听英语老师讲课，我想换班。"

"你的英语老师可是全校最好的，你怎么能不喜欢他呢？"

"他只是善于考试，但是口语很差。"

"你只要能得高分就行了，不必再说了。"母亲拒绝再和孩子沟通。

　　李东感到非常的委屈。

　　李东与母亲说了心事，可母亲却用自己的理念拒绝了孩子的诉求。这必然会让孩子感到十分委屈。其实李东想学好口语的想法并没有错，母亲完全可以换另一种方式让孩子接受英语老师。

　　比如她可以说自己学生时代也有不喜欢的老师，也想过换班，但是一想换了班也可能还有不喜欢的老师，这是一个很难解决的问题。这样孩子能和家长共情，能够更好地接受家长的建议。

　　她也可以用延迟满足的道理去开导孩子接受现状。可以说："孩子你的英语老师能帮你得高分，你就能读重点大学，那里有口语十分好的英语老师。"李东若是听了妈妈这样的话，不仅不会抵触，还会自己校正原来的想法，更加努力地学习。

帮助孩子克服消极情绪

　　有些孩子因为一件事没有做好，或者考试中做错了一道题，就会开始过度自责。家长应该帮助孩子克服这种消极情绪，告诉他们如何减少错误的发生就可以了，不应该用消极的态度去面对挫折。

　　有的家长仅仅因为一次考试失败就认为孩子不是读书的料，从而放弃投入。这种消极的行为有可能让孩子的成绩更低，从而带来又一次指责，让孩子陷入恶性循环中。

帮孩子发展积极的思想

　　学会多角度地看问题才能有积极的思想。就像塞翁失马一样。虽然看到事物坏的一面，但是不深陷，而是找出好的一面，乐观地面对。你的思维方式会改变孩子看事物的想法，积极的思想会使他们情绪开朗，对生活充满信心。

教会孩子释放情绪的方法

当孩子出现愤怒、恐慌、悲伤等不良情绪的时候。家长可以让他们尝试深呼吸、跑步、找人倾诉等方式去释放情绪。

家长要想帮孩子学会控制情绪，并非一日之功，应该给予孩子和自己足够的耐心。当你的格局更大，看待事物更全面，就会给孩子更多的理解、包容、鼓励和帮助，孩子随着自身的成长，控制情绪的能力也会提升。这样就不会陷在情绪的泥沼里，把本能做好的事情弄得一塌糊涂。

9. 让孩子学会按顺序做事

关于做事不分轻重缓急而造成的笑话有很多，今天我们就来看一个：

古时候，有一位财主要去外地办事。临走前对两个儿子说："我要去外地办事。家中出现什么意外，谁率先来通报，我就赏谁五十两银子。"

财主离家半个月后。家中进贼了。大儿子发现后，没有喊捉贼，而是轻手轻脚地走出家门，去外地找父亲通报。他想这五十两银子必然是自己的了。

二儿子也看到那个贼了，可他也没喊捉贼。他像哥哥一样蹑手蹑脚地走出家门。远远看见哥哥的身影。心想，我要是按照哥哥的行走路线去追他，必然追不上。于是抄了近路。率先找到了父亲。

"爸，我家中进贼了。"

"你不抓贼，跑我这来干什么？"

"是您说的，家中出现意外，谁先来通报，赏谁五十两。"

就在这个时候，大儿子也赶来了。

财主大声问："你是不是也是来要赏钱的。"

"是。"

"我们快回家，看家里的钱有没有被小偷全偷光。"

三人回到家以后，家中的钱全被偷光了，财主没有钱赏赐给二儿子。直到这时他们才意识到自己做错了。

案例中，最紧要的事就是抓贼，可是兄弟二人却都选择了邀功请赏。直到发现家中被偷盗一空，他们才意识到，自己率先应该做的就是抓贼。只有保住了财产，才能得到奖赏。

由此可见，处理问题分不清轻重缓急不仅无法把事情处理好，还会在错误的选择里，费尽心力，最后因小失大或一无所获。

那么，处理问题时应该采用怎样的步骤呢？我们现在就来看看，根据轻重缓急做出的排序。

首先，处理紧急而且重要的事情，因为紧急而又重要，一旦错过，无法补救。例如，家里失火，必须马上处理，否则等火势变大会造成难以想象的后果。

其次，重要但是不太紧急的事情。例如，一场即将到来的重要考试，一定好事先准备好准考证和考试用具。不要因为其他的事，忘了事先准备，从而影响了考试。

再次，紧急但是不太重要的事。例如，晴天，你发现自己家的窗户未关，最多会进入一些灰尘。则可以放在第三步处理。

最后，不紧急也不重要的事，最后处理。许多人就是爱在这一步纠结，出现了本末倒置、画蛇添足的错误。

在一次重要战役中，某师被上级安排掩护A军撤退。该军军长为了保存火力，安排让炮兵连先撤。该师的火力根本不够阻止敌军的进攻，向后溃退。敌军追上该军后，该军的炮口一致向后，不能有力的还击。最后被打得丢下火炮，仓皇而逃。

此案例中，最紧急的事是部队的安全撤离，丢些武器弹药并不重要。因为带着重武器会严重减缓撤退的速度，所以英明的将领会主动舍弃。因此最合理的战术就是，留下炮兵连和掩护撤退的师协同作战。炮的威力对阻击帮助很大，能为撤退赢得宝贵的时间。可是该军长却本末倒置，不仅丢了火炮，还影响了安全撤退。

要是我们处理事情时也像案例中的军长一样，必然会给自己带来很多的麻烦。因此，处理问题时应先区分事情的性质，然后按步骤去处理，这样才有利于达到预期目标。

孩子每天也有很多事情要做。以学习为例，有主科、副科、兴趣爱好，有马上要测试的科目，有过一段时间才会测试的科目。如果没有一个清晰的复习思路，就会被众多的知识点弄得手忙脚乱。因此，家长要培养孩子用合理的处理方式去解决问题，这样才能有条不紊。

第六章

以下十种方法让孩子更容易做到延迟满足

1. 兴趣教育才能让孩子做到延迟满足

　　美国著名摔跤手肖恩·麦可的父亲原本想让他做一名飞行员，但是麦可很坚决地与父亲说，我想成为一名摔跤明星。于是父亲就送他去摔跤学校学习摔跤技术。

　　麦可成名后，记者采访他的父亲："您为什么会支持儿子学摔跤？"

　　父亲说："如果我不支持他，他到了35岁一事无成，向我抱怨时，我将无言以对。"

　　麦可父亲的回答虽然短，但是说出了兴趣对孩子成功的重要性，就是感兴趣的事做起来容易成功。不喜欢的事不容易做出成绩。所以家长要支持孩子按兴趣去学习。

　　可是许多家长把兴趣定义为：有趣的事情、许多人感兴趣的事、家长自己感兴趣的事情，完全忽视孩子的感受。就像很多家长都会强迫孩子学习绘画、钢琴、舞蹈、书法、演讲、轮滑，并投入大量财力。当孩子出现厌烦情绪或者效果达不到家长的预期时，一些家长会大声训斥："为什么许多人都想学的东西，你就不喜欢？"还有一些家长认为孩子可能是不喜欢老师的教学方式，带孩子换辅导班，搞得孩子无比烦躁、压力重重。

李红喜欢书法，于是给儿子报了硬笔书法班。可是儿子学了一段时间进步很小。她觉得孩子可能是对硬笔太熟悉，没有新奇感才不愿意学，又给孩子报了个软笔书法班，孩子的进步更小了。孩子跟好友说："我最不愿意写字，却硬笔、软笔都要学，我妈真是软硬兼施。"

家长不能以自己的兴趣爱好来判断孩子的兴趣爱好，一件事如果孩子不感兴趣，你却要求他学，这对孩子来说是非常痛苦的，让孩子容易放弃。反而不如找一些孩子感兴趣的事情让孩子去做。此后你对他加大投入，他会进步得更快，而且内心充满喜悦。

至于如何培养孩子的兴趣，国内知名育儿专家张可馨给出以下几条建议：

发现孩子的兴趣

父母培养孩子兴趣的前提是善于发现孩子的兴趣。这需要父母拿出足够的细心去观察孩子感兴趣的事情。此外，还要多与孩子沟通，听听孩子的想法。父母能在孩子的回答里找出孩子真正的兴趣点。

王婷送女儿去一个跆拳道班。一周后，女儿对她说："妈妈，我不喜欢总穿一个颜色的衣服，也不愿意总被别人踢来踢去。你不是说，小朋友之间要友好相处吗？"

"女儿，你愿意学什么呢？"

"我想学唱歌。"

于是王婷让女儿学声乐，女儿乐此不疲。半年后，女儿参加了省电视台举办的"少儿演唱大赛"，并获得了二等奖，让王婷无比欣慰。

孩子喜欢一件事才会全身心地投入，所以进步快。因此家长要重视孩子的兴趣。

发现孩子的优势

孩子只有兴趣却没有相对应的优势，那么想要获得成功也很难。因此家长还应找到孩子的优势。这个优势不只是天赋还包括他的心理素质。例如，有的孩子不聪明，但是做事永不言弃。这种坚韧的性格也是他的一大优势。家长不可忽略。

尊重孩子的兴趣

孩子的兴趣与父母的期待会有所差距，但只要是正常的爱好，就应该尊重，而不是冷嘲热讽或想更改孩子的兴趣。这会影响孩子的学习热情，不利于孩子成长。

不要盲目跟风

家长为孩子选择兴趣的时候，难免会有从众心理，希望孩子学习当下盛行或由权威人士倡导的东西。这不仅忽视了孩子真正的喜好，也忽视了未来的就业形势以及现实的实际情况。例如，许多家长让孩子学习音乐。但学音乐的学费较高，如果家里经济条件一般就应慎重选择，否则很有可能后续乏力，导致孩子半途而废。

适当干预

有些孩子会沉浸在兴趣中无法自拔，甚至于对文化课产生影响。这时家长就应该进行适当的干预，但不要强行制止。比如限制孩子练习兴趣的时间，让孩子在兴趣和文化课的学习中找到平衡。否则孩子的心思不在学习文化课上，停止兴趣不仅帮助不大，还会引起孩子的逆反情绪。

兴趣是孩子学习的动力，因此父母要找到孩子真正的兴趣，而不是寄希望于一些特长班会给孩子带来兴趣。孩子产生兴趣后，家长也应该给予支持而不是制止或诋毁，这样孩子才更有可能把兴趣转化为成绩。

2. 延迟满足是为了实现自我价值

魏晋文学家嵇康在给好友山巨源写的信中说"夫人之相知，贵识其天性，因而济之。"意思是：人与人相识，最珍贵的是，知道对方的天性，去帮助他。这样他才有可能活出自己最喜欢的样子。家长引导孩子也应该让孩子实现自己的价值，活出自己的样子。

然而，大多数家长只要求孩子做一个听话的孩子，让孩子做符合他们或老师要求的事，认为这才是一个好孩子该有的样子。但事实上好与听话之间并没有关系。有些孩子正是因为不听话，才做出了令人惊叹的成绩。

阿旺住在一个偏僻的山村。父母靠种几亩薄田维持开支。有一天，阿旺的语文老师要求全班同学写一篇题目为《我的理想》的作文。许多孩子写想当教师、种粮大户，都得到了高分。

阿旺写的作文却被老师给了低分。原来他写的是：我想要当一名农场主，在某个城市的郊区拥有自己的牧场。在牧场和城市之间修一条道路，保证城市的居民能吃到最新鲜的肉。还要买几辆大巴车，让城市里的小朋友坐车来参观我养的牛和羊。

老师给的评语是：理想不切实际，想法过于美好。城里有动物园，那里的小朋友不会去郊区看牛羊的。重写。

阿旺重写时按照别的同学的思路，写自己最大的理想是当一个养牛大户，让父母过上富裕的生活。老师给了高分。

二十年后，阿旺在自己的牧场里组织了一次同学会，语文老师也受邀参加。当他看到来牧场看牛羊的城里孩子后，对阿旺说："老师当年眼界有限，现在证明你的想法是对的。"

案例中的老师认为阿旺的作文是错的，就是因为不符合他的想象。许多家长在教育孩子的时候也和老师一样，他们用自己的见解评判孩子的对错，并要求孩子去执行。久而久之，孩子的思想境界与父母趋同，遇事缺少主见，这样又怎么成为真正的自己呢？

此外，从人性的角度来看，每个人都向往自由。究竟何为自由呢？比如有人喜欢看书，认为在书中能看到另一个世界，这就是自由。反过来，有人不喜欢看书，就把读书当成"文字狱"，此时再逼迫他读书就是让他失去了自由。

某著名歌手把女儿当成朋友。记者问她为什么不把女儿当成家人呢？她说，我生了她，不代表我有权利支配她。她有独立的灵魂，可以跟我像朋友一样交流。

　　记者又问她，你有没有让女儿进歌坛的想法。她说，没有，我的女儿不喜欢唱歌，她喜欢美术设计和文学。我能帮她做的就是找这方面最好的老师。

　　其实许多家长替孩子做决定的原因就是希望孩子快乐成长或出类拔萃，因此才按照自己的经验去要求孩子，压抑孩子的本性，希望孩子能成熟一点。但如果家长帮助孩子在保持天性的前提下卓尔不凡，那么自己和孩子都会很高兴，这才是家庭教育的双赢。

　　所以，家长在孩子的童年时期，不要否定他的想象力，在孩子长大后不要替他做抉择。因为你们是独立的个体，你不懂他的想法，更不能替他去执行，不要因为自己的想法给孩子造成一个很压抑、很累的人生。这样做是缘木求鱼。与其如此，不如放手让孩子做自己。

3. 培养孩子的求知欲

家长可以引导孩子把好奇心转化为成功欲，具体的方法我们进行一下提炼。

允许孩子多提问

孩子大多数是好奇的，所以会对许多事情提出疑问，甚至像莱姆塞一样连续追问。家长应该允许孩子多提，这样孩子不仅会勇于表达自己的想法，还会脑洞大开，联想到更多的知识，这能开阔孩子的思维，让孩子更有想象力与创造力。

给孩子一个正确的引导过程

把孩子的好奇心转化为求知欲离不开家长的正确引导。可是有些家长知识匮乏，面对孩子一连串的发问，难免有力不从心的时候。因此采用了避而不谈或敷衍了事的方法。这相当于往孩子刚刚燃起的求知欲上浇水。孩子很可能因为你的态度，不再向你发问。

电影《一句顶一万句》中，老宋的外甥女百慧问他，欧洲是什么样子的。老宋说，跟他们所在的地方比不过是城市再大一些，楼高一些。这种回答就属于敷衍了事。因为他没有说出欧洲的特点，而是让孩子觉得欧洲不过如此，无法带动孩子的求知欲。

正确地引导态度应该向莱姆塞的父母一样，实事求是。不懂的就让孩子查找相关资料，要是资料上也没有，就可以鼓励孩子让他自己研究，这才能让孩子的好奇心转化为求知欲。

新鲜事物的刺激

新鲜事物对孩子的吸引力就好比莱姆塞突然看到壁炉里跳动的火焰。这种从未搞清楚甚至从未接触过的东西马上就引起了他的好奇心，从而他深入探索其中的奥秘，寻求新的知识。

不要以为书本就是万能的

有些家长面对孩子的问题只会孩子去查阅书本。但是有些知识书本上没有，甚至有一些内容是错误的，这样不仅会让孩子的求知欲落空，还有可能让孩子被引入歧途。

因此父母不能只鼓励孩子多看书，还要让孩子多实践。这样他才会对书本中的一些介绍提出质疑，亲自去进行新的探索。

家长培养孩子求知欲的过程如同挖掘宝藏，需精心探索。忌浮躁、粗暴，否则就会摧残，甚至扼杀孩子的求知欲，这会影响孩子创造能力的形成。

4. 通过游戏提升孩子的智慧

　　游戏是孩子最喜欢的活动。它能提升孩子的智慧。尤其是幼儿阶段，3～6岁的孩子已有自主游戏的能力，他们在游戏中不断地体验着成功与失败，不断地认识世界、丰富和完善人格。这能为他们接受延时满足打下良好的基础。

　　针对孩子制作游戏的种类很广泛，有体育游戏、智力游戏、角色游戏、音乐游戏等。孩子在玩这些游戏时尽情地发挥智力，所以智力能得到快速的提高。那么，家长该如何通过游戏提升孩子的智慧呢？

为孩子创造合适的游戏环境

　　孩子在合适的游戏环境中，玩起来就非常积极、认真。我们以幼儿教学中最常用的看图识字为例。把字融到能跟着念的儿歌中，不仅能让孩子记住生字，还能了解文字的使用场景，甚至能同时训练孩子对于音乐的节奏感。

以上是从游戏技巧上说该如何为孩子创造合适的游戏环境。下面我们再从培养孩子性格上阐述如何创造游戏环境。

孩子的个性不同，喜欢扮演的游戏角色也不同。家长要鼓励孩子自主选择角色，并鼓励他完成该角色的任务。如，选了美国队长就要有统帅全队的能力；选择蜘蛛侠就应该身手矫捷。通过这些选择，可充分发挥孩子的个性优势。

尊重孩子天性，让孩子多看、多听、多动手

孩子在游戏中的诸多表现跟成人的想法不一定一致，家长要给予理解。

例如在一些过关类游戏中，家长的想法是快速过关，而孩子的想法是再打败几个敌人。这是孩子的快乐所在。因此，家长在游戏方面就应该坚持"寓教于乐"，尊重孩子的天性。

多看多听

学习知识是孩子提升智慧的主要途径。因此家长要让孩子多看、多听、多实践。例如让孩子观察草叶，并体验一下用草叶划手的感觉。然后你可以给孩子讲鲁班是在什么情况下发明的锯，让孩子把故事和刚才自己的感觉相结合，启迪孩子的创新思维。

同时，孩子听故事时，家长应抓住孩子的好奇心，在故事中给孩子讲一些知识，这种传授方式很利于孩子接受。

我们在给孩子讲故事的时候，要鼓励孩子大胆说话，引导他说出感觉和愿望。用孩子能听懂的语言去回应他们，并启发他们提出后续问题，这能提高他们的学习兴趣及思考能力。

培养孩子的创造精神

为了培养孩子的创造精神，在孩子做游戏的时候我们应该鼓励他去创造，而不要过度干预。

一个孩子想按墙壁上的开关，可是怎么也够不到。于是他急得大喊："电梯，电梯。"妈妈见状，明白孩子的想法是：电梯能让他上升。于是妈妈装成电梯，把孩子抱起来去按开关。孩子按到开关后，十分开心。

案例中的孩子够不到开关首先想到的是电梯。虽然可能并不符合大人的逻辑，但是孩子选择电梯表明他对上升的认知是正确的。

孩子的这种思维在游戏中让他选出超出家长想象的道具。当他失败后，也会尝试用新的道具。这个过程既锻炼了他的创造力，也丰富了他对事物的认知。

孩子玩游戏时，大脑的灵活性、搜索能力、认知能力、节奏掌控能力、想象能力都会有所提高。尤其是多人游戏还能提高孩子与人合作的能力，相当于提高了情商。

5. 根据情况适当调整计划

孩子学习的内容、身心状况、学习时间等都在随时改变，所以家长给孩子制定的学习内容也要改变，如果只是呆板的执行相同的计划，孩子很难实现延迟满足的目标。

下面我们就来看看，家长应该从哪些方面为孩子调整计划。

时间

孩子若出现以下几种情况，家长应该及时给其调整时间：一是学习情况和任务有变化；二是原来的学习计划时间分配不合理；三是对自己学习能力估计有误；四是对自己的最佳时间认识有误。

在以上几个方面中，孩子最容易犯的错误就是高估自己的学习能力。由此，我们针对这一点看看家长要通过什么措施帮助孩子解决问题。

马明还有一个月就要期末考试了。可是语文还没有复习。他想语文不难学，再加上晚些背记忆深刻，所以并不着急。

很快距期末考试只剩半个月了，他终于开始背古诗词、范文。可是背古诗词、范文的时候，又担心忘了其他科目的知识，于是又复习其他科目，结果语文只是匆匆地复习了两遍。

考试时，马明因为紧张，再加之对语文记得不牢，失分严重。总成绩全班中等。

来年期末前一个半月，父亲让他每天多看语文。临近考试的半个月每天看两篇范文，数学不再复习。最后马明考出了好成绩。

马明高估了自己的记忆能力，以为自己可以短时间记住语文知识所以没有及时背诵，导致语文低分，排名中等。父亲为他调整学习计划，是因为知道语文需要花费更多时间反复背才能记忆深刻。至于最后半个月内放弃对数学的复习，是因为这段时间语文提分远远超过数学，因此要把精力集中在背诵范文上。马明因为有了这样针对性极强的学习计划才获得了高分。

调整重点

许多孩子学习失败的原因都是对学习重点估计错误。很多孩子随意买的参考资料因为质量不高，很容易把学习重点错漏，在之后的学习中也按照这种思路学习，导致考试失利。因此，最好选择老师指定的参考书，或者符合考试出题标准的参考书。

调整顺序

在学习顺序方面，建议家长从孩子的学习方式和习惯，不合理的科目安排上进行调整。例如，很多孩子选择上午学英语，因为此时大脑经过一夜的休息，记忆力最强，学英语的效率最高。要是放到晚上。孩子用了一天大脑，记忆力差，学习效率低下。此外，身体也十分疲劳，不适合学习英语。因此，家长要根据孩子所学科目的特点为其调整学习计划。

调整目标

所谓调整目标，并非让孩子更改最终目标，而是通过对于一些阶段性目标的调整，让孩子通过别的方式去完成最终目标。例如，孩子的最终目标是希望将来考上重点大学，这个目标不能轻易改变，但是所选专业是可调整的。此外，孩子通过学习会对原定目标产生新的认知，如认为当下目标不合理，无法实现自己的理想，这时候家长就应该根据孩子的诉求去进行调整。

6. 让孩子学会取舍

周末，刘慧带女儿去买衣服。女儿先是看中了一条粉红色的百褶裙，之后又觉得白色的百褶裙也不错，于是央求妈妈都买给他。刘慧觉得价钱也不贵，就都买给了女儿。可买回来之后女儿很少穿那件白色的，这让母亲觉得浪费钱。

不久后，刘慧带女儿逛超市。女儿挑了几包糖果、几包饼干、一袋果冻，让母亲买单。可是食物带回家后女儿就扔在一边不感兴趣了，最后导致很多零食因为没来得及吃放变质了，只能扔掉。

刘慧意识到，不能让孩子养成不懂取舍的坏习惯，她们再次逛街的时候。刘慧对女儿说："宝贝，家里的冰箱太满了。这次你只能挑选一样自己喜欢的东西。"

女儿先拿起一盒糖果，看到饼干后，又放下糖果，抱起了饼干盒，可是看到果冻后，又觉得果冻更好，一时间不知道该如何选择。刘慧让女儿把几件商品先放进购物车，然后再挑选。女儿先舍弃了糖果。说吃多了长蛀牙；接着放弃了饼干，说保质期短；最后只留下了果冻。

刘慧很高兴地给女儿买了单。

此后，刘慧带女儿去购物，只让女儿选一样。慢慢女儿养成了一个好习惯，在进超市之前，就知道自己最想要的、最适合自己的东西是什么，进超市后径直去拿，再也不因东挑西选耗费过多的时间和金钱了。

就案例来看，不懂取舍最明显的后果就是浪费时间和金钱。而时间和金钱正是孩子能否实现延迟满足的重要支点，所以家长必须教会孩子如何进行取舍。下面我们来看看，孩子应该在哪些方面进行取舍。

宽度和深度

孩子在学习上必然会遇到深度和广度的选择。选择深度，可能会偏科；选择广度，可能会博而不精；这就需要掌握一个度，这个度的衡量标准主要是必要性。对于考试来说，就可以按照必考知识全面而深入地掌握。不是必考的有所了解这样的区分方式来平衡孩子学习的深度与广度，因为孩子的学习时间有限，要尽可能最大效率的去提高自己的成绩。

数量和质量

这是孩子们现在以及未来都经常要面对的问题：相同的钱数，如果购买的东西多，质量难免会低一些；反之，质量高的东西，单价会贵一些。但是有些事情，只有用高质量的东西才能成功，否则耗时耗力，空忙一场。

　　王东上了一家汉英双语教学的小学。可是他的英语不好，总成绩总在班级的中下游。母亲为此很着急，于是准备给孩子找一个家教。面对家教人选，一方面她认为小学的英语知识浅，大学生的水平就足够了，另一方面则是大学生的辅导价格比专业老师便宜很多。最终，她没有找正规院校的英语老师，而是选择找了一个大学生。

　　可是一个学期下来，王东的英语成绩只涨了5分。母亲觉得大学生一定是教学不认真才导致儿子低分，于是给儿子找正规院校的英语老师。儿子只是上了十堂课，成绩就涨了20分。

　　王东对母亲说："您找的大学生也不是不认真，而是他不知道我们考试考什么。"

　　母亲这才意识到自己的错误。但是心中暗自庆幸，还好孩子只是小学阶段没有造成太大的影响。

　　我们都听过一句话"专业的事要找专业的人来办"，因为在很多方面，专业人士都有更省时而高效的办法，这不是用数量能弥补的。就像案例中的大学生，课时再多，教不到出题点上，就是浪费时间。因此，家长教孩子取舍的时候，要教会孩子围绕最终目的做选择。

7. 培养孩子的抗压力

2021年9月12日，湖南省长沙市的一所小学，一位六年级的学生与两位同学上课时斗地主，分别被老师请家长。其中一位学生的妈妈看到孩子后，二话不说，伸手打了儿子两个耳光。可是还是没发泄完怒气，又踹了孩子几脚，然后转身而去。年仅12岁的孩子十分委屈地回到教室。觉得大家都在笑他。以后总是编理由逃课，以回避同学对自己的眼光。

现在孩子的抗压力如此脆弱，就算拥有超高的智商也未必能经受得住延迟满足的考验。所以，适当的压力对孩子的成长是有好处的，这样孩子以后就不会在面对难题与困境时，轻易地选择逃避了。

要想培养孩子抗压的能力，我们首先要对孩子有一个正确的认识。关于抗压力，美国心理学学会给出的定义是：人在应对逆境、困难和强大压力时，个体的心理和精神适应的能力。美国著名商业杂志《哈佛商业评论》曾这样评价抗压力的作用："一个人的抗压力比他的学历、经验以及受过的培训更重要，因为抗压力的水平决定着谁成功，谁失败。"日本著名心理学家久世浩司也认为，抗压力比智商和学历更能决定一个人的成功和幸福。他在建议家长从以下五个方面去培养孩子的抗压力：第一，自尊心；第二，情绪调节；第三，自我效能感；第四，性格乐观；第五，人际关系质量。

孩子在以上几个方面中有所欠缺，通常会表现为以下症状：面对压力时，很快认为自己不行放弃了；与别人对比时，总觉得自己不行；在诸多活动中表现不佳，因此闷闷不乐；莫名其妙的焦虑；如果所做的事情没有想象中顺利，就斗志全无，从而放弃；一旦遇到麻烦事就中途退缩；只要失败一次，就灰心；一旦出现问题，就认为是自己的错，情绪低落；无法和朋友友好相处，孤独失落；心中焦虑或悲伤的时候不与他人交流……

家长可以根据孩子的症状去确定孩子在哪一方面有欠缺，然后有针对性地进行培养。

我们以"一旦出现问题，就认为是自己的错，情绪低落"为例，这属于性格乐观方面的问题。家长要是想让孩子变得乐观。首先要放下自己愿意指责、推卸责任的习惯。其次，告诉孩子，凡事要乐观看待。

　　草原上，一户牧民带着牛羊在转场。孩子看管牛羊的时候，突然电闪雷鸣，最强壮的一头牛因为受惊，狂奔进远处的树林，孩子为了控制住其他的牛羊，没有去追踪。他十分沮丧地对父亲说："都是我没把牛羊看管好，才有了这么大的损失。"

　　"孩子，错误在这场雷雨，与你无关。"爸爸对孩子说。

　　"可你说，看管牛羊是牧民家的孩子必须掌握的本领。"孩子又说。

　　"是的，你没有因小失大，已经做得很好了。再说牛也未必会丢。"爸爸又说。

　　孩子听父亲这样说，心情马上就好了，也乐观起来不再计较那头牛的得失。

　　第二天，天晴了，那头跑进树林的牛自己回到了牛群中。

　　案例中的父亲没有因为牛丢失而责怪孩子，是因为知道错误不在孩子身上。此外，他还对孩子的做法给予了肯定，认为孩子没因小失大是明智的，并乐观地认为牛也未必丢。正是这样的态度，才没有让孩子陷入情绪的低谷，反而让孩子能够在问题与困境中变得乐观，从而提升抗压能力。

　　至于如何培养其他方面的能力。案例中也都有所体现。如，不责骂孩子，不伤害孩子的自尊心；肯定孩子所做的事情，提高孩子的自我效能感；家长对孩子宽容，让孩子在家长的影响下也学会宽以待人，帮助孩子建立良好的人际关系。如此一来，孩子不仅自身具备很强的抗压力，有困难时还能够帮助别人或坦然接受朋友的帮助和开导。在这种环境下，孩子更容易成功，也更有幸福感。

　　此外，家长切记，培养孩子的抗压力，不用选择冬泳、穿越沙漠等突破极限的运动给孩子故意制造困难。孩子在生活和学习中本身就会遇到许多困难，这些问题同样可以帮助孩子提升抗压力。在面对这种时机时，家长一定要客观、乐观地去看待问题，并给孩子正确的引导。这样有助于帮孩子建立强大的抗压力，克服延迟满足中的一切困难。

8. 让孩子养成好习惯

一件事坚持久了，就会有一种惯性。无须他人督促，自己也会完成。而因此养成的良好习惯，也会给人以良好的回馈。

对于孩子来说养成好习惯并不仅仅意味着他们在以后会受益，同样也会让他们在学习阶段就获益：

第一，减少思考的时间。习惯代表着熟悉。当孩子熟悉一件事，就不会因为不懂而恐惧或思索，自然会节省思考的时间。

第二，简化行动的步骤。当我们习惯于一件事后，容易从中找出窍门。

第三，让孩子的学习更有效率。如，孩子养成了上课认真听讲的习惯，获取的知识更多。

一位行为科学家发现，我们每个人一天中的行为有95%是习惯性的，只有5%是非习惯性的。就连创新也大多是建立在习惯上的改变。据研究发现，一件事经过21天的重复会成为一种习惯。要是重复90天会变成稳定的习惯。要是一个想法被多次重复，最后很可能成为一个人的信念。

大多数孩子身上都是好习惯和坏习惯并存的。不好的习惯容易让孩子变得走弯路。因此，家长应该帮孩子建立好习惯，减少坏习惯。那么到底该如何去做呢？

培养孩子各种良好习惯，一定要遵循孩子成长的规律。若是错过了孩子各方面技能的关键期，让孩子养成好的习惯则会变得十分困难。

我们再来看看，如何帮助孩子改掉坏习惯。

当下，最让家长头痛的就是孩子沉迷于电子游戏，家长们都希望他们把这个习惯改掉。但直接让孩子戒掉游戏几乎是不可能的，所以我们可以想想孩子是否对其他有益的事情有兴趣，让孩子先用这个爱好去代替电子游戏，然后再慢慢减少他花在此处的时间，让其回到正确的轨道上。这种渐进式的改变方式孩子不会过于抵触。

关于好习惯对孩子成长的帮助，俄国著名教育家乌申斯基总结说："习惯是通过不断重复而固化的行为方式，它最大的特点是自动化。会让孩子在不知不觉中走很远的路。"我们对于孩子习惯的培养，也是为了让孩子能够在延迟满足最终实现目标的道路上拥有更长的持久力。

9. 培养孩子的
应变能力

　　许多家长在培养孩子的时候，只是一味地通过一些训练，希望孩子变得更高、更强。可是你孩子改变，其他的孩子也会改变，他还是容易失败，这种教育方式对孩子的不断成长来说实在是太慢了，要是再遇到重大的变化，很可能前功尽弃。因此家长必须培养孩子应变的能力，孩子才能顺应各种变化持续快速成长。

　　下面，我们来看看家长培养孩子应变能力的几种方法。

经常向孩子提问

　　现在，家长和学校为孩子的成长提供了很多便利条件，孩子在成长中很少面对苦难或者困境，这就导致他们缺乏实践的机会和处理问题的经验。所以家长应该经常向孩子提问，甚至模拟出可能存在的难题让孩子解决。通过这种方式可以让孩子在安全平稳的成长中锻炼自己的能力，在出现难题时能快速进行思考找到解决方法。

晨晨是个4岁的小男孩，胖乎乎的。每次去外面玩，爷爷总是背着他。有一回，爷爷的腰伤复发，无法背他。晨晨看着爷爷疼痛的表情，十分心疼。

爷爷问他："晨晨，如果有一天，爷爷也走不动了，你能背爷爷吗？"

"不能，因为我太小了。"

"那就不管爷爷了？"

"不，我会给你买一个智能机器人。"

"你买的机器人除了背人，还能有什么技能？"

"会推轮椅、扒香蕉皮，还会唱歌。"

"我大孙子真好。"爷爷欣慰地笑了。

虽然晨晨知道自己年龄小背不动爷爷的事实，但是马上就想到了智能机器人，这就是他具有应变能力的体现。而后来对于机器人的功能他同样想象力丰富，每一项功能都符合爷爷的需求，显然这些都是孩子观察日常生活后经过自己的思考总结的，同样体现了孩子对日常生活的了解与掌握。

所以，家长也应结合实际生活，经常向孩子提问。例如在商场与父母走散了，怎么办？在学校与小朋友发生了矛盾，怎么办？踢足球的时候跌倒了，怎么办？有时候，孩子会说出几种办法，家长可帮助孩子分析哪种方法最佳。这样即使遇到突发事情的时候也能随机应变，并快速解决。

让孩子参加不同的活动

许多活动对提高孩子随机应变的能力十分有帮助。例如模拟逃生游戏、小主持人比赛、足球比赛等等。孩子通过游戏获得实践锻炼的机会，积累的经验越来越多，应变能力必然也会增长。

当然，孩子总会遇到自己无法解决的问题，家长若在孩子身边应该给予正确的引导和提示，这时你会发现，即使孩子在家长的帮助下解决问题，但只要他有所体会，那么在下次面对相似的问题时，孩子也会有很大进步，随机应变的能力也会渐渐增强。

一个小女孩参加"好声音"歌手大赛。因为声音高亢、台风活泼，晋级到了半决赛。主持人问她："如果你在半决赛被打败了，会怎样？"

"我会笑着离开。因为我已经做得够好了。"

后来小女孩真的被打败了。主持人让她发表一下感言。

她抽泣了一会儿，只说出了"妈妈"两个字。台下的一些观众见状，忍不住笑了。让孩子感觉十分尴尬。

很显然，她没有想过自己会失败，所以没准备失败的感言。

后来，小女孩又参加了其他歌唱比赛。半决赛前，主持人提出了跟她参加"好声音"时一样的问题。她按照父亲教的回答方式说："那不是我现在该想的问题，我应该认真准备比赛。"

这样一来就回避了万一失败可能带来的尴尬。

父亲教的回答方法是否正确，孩子会通过实践有所感悟，而这种体会也会转化为她的智慧，帮助她面对以后的考验。若是父亲能针对孩子在比赛中出现的情况提出更多有益的建议，孩子的应变能力必然增长得更快。

帮孩子建立殊途同归的理念

有些家长在解决问题时总会有一套惯用的模式，当孩子遇到困难时，总是希望孩子按照自己的经验尽快解决。其实孩子很可能有自己的想法，家长应该鼓励孩子按照自己的想法去解决问题，这能提高孩子发散思维的能力。

一位妈妈给3岁的孩子讲《小白兔的故事》。孩子问妈妈："小白兔装狮子吓唬灰狼。它为什么不装老虎呢？老虎才是森林之王啊。"妈妈一时答不上来，于是让孩子自己去补全这个故事。

过了几天，当妈妈再次给孩子讲这个故事时，孩子居然真的编出了一个合理的后续来将故事补全。

3岁是孩子创造力和想象力发展最快的时候。他们总是有很多超出大人想象的办法，甚至有的办法比家长的想法还要高明。所以家长不妨帮孩子打造殊途同归的理念，给孩子建议的同时也让孩子自己构想解决问题的办法，鼓励孩子尝试多种方式去达到同样的目的，不要打击孩子的想法。

让孩子自己做一件事情

让孩子独立完成一件事情，是让孩子在困难面前学会灵活应变找到解决办法。当然，家长在孩子做事开始的时候可以给一些建议，以保证孩子不会完全没有头绪。但在这之后孩子自己实践的过程中家长就不要再插手了，给孩子自己思考解决方法的空间和自由。

家长可以让孩子从小事开始，例如在过新年的时候让孩子给自己做一张贺卡，并表示不管孩子做成什么样子都感谢孩子。如此一来，孩子就会开动脑筋去想贺卡的创意。

让孩子自己调整计划

孩子难免遇上一些突如其来的事情，把他最初的安排和计划打乱。这就需要孩子腾出时间和精力重新调整计划。比如原本计划三个月完成的事情，现在一个月就要完成，该如何提高效率；已经选好了辅导老师，可是辅导老师因为有事，不能给自己上课，该找谁来替代；考试的科目繁多，时间突然紧迫，该删除哪些不必要的知识；想买一样东西，但是父母不支持，自己该寻求谁帮助……

孩子在以上调整过程中，会掌握很多解决问题的方法。以后遇到事情就不会一根筋，将来步入社会，在讲求合作的大环境下，也能左右逢源，应付自如。

在瞬息万变的社会里，很多事情都是没有经过事先训练的，这就需要孩子具有能够举一反三、随机应变的能力。如果孩子没有这方面的能力，在诸多问题上必然会束手无策，阻碍他的成长与成功。

10. 孩子独立，胜过当第一

教育的本质，其实就是教一个人学会独立。哈佛大学的教育专家翠西跟踪研究了一万名24至45岁的成功人士，并走访了他们的父母。发现他们在童年时期具备五个共同特点：一是较早表现出独立人格；二是喜欢主动帮助别人；三是喜欢和不同年龄的人做朋友；四是思维很灵活；五是做事认真、效率高。

现在大多数家长都明白了孩子独立的重要性，也开始注重起了孩子独立精神的培养。

但是在教孩子学会独立这件事情上，人们面临的第一个挑战就是孩子只是一个尚未完全独立的人，他们仍然有很多事情确实需要家长的帮助。这使得家长的教育变得格外矛盾。而这些矛盾可以表现为两种极端，一端是揠苗助长，过早教孩子去做他们无法独立完成的事情；另一端是过度保护和帮助，错过了教孩子独立的最佳时机。父母要想处理好这样的矛盾，需要像高明的厨师一样掌握好火候。

孩子成长有关键期，孩子的独立是一个缓慢的过程。家长一定要顺着孩子的自我意识觉醒，让幼儿期的孩子学习做自己力所能及的事情，比如吃饭、穿衣、上厕所、看书、玩积木等。同时，3岁以上的孩子一次走路半个小时是没有问题的，这时候去幼儿园上学或者去购物中心购物，父母就不要再抱孩子了，要让孩子学会自己走。

如果孩子过了12岁，独立性还比较差，那么等到孩子步入中学阶段，应对一些事情可能就会比较困难。这时孩子课业逐渐加重，家长能培养孩子独立人格的时间也会减少，如果再不抓紧，可能会阻碍孩子的成长。最常见的例子就是那些上大学还需要父母照顾的孩子，他们在人际关系上大多处理不好，也很难依靠自己的力量去继续以后的学业。因此，父母要尽早让孩子学会独立。

教育孩子独立的第一步是要让孩子认识到独立的重要性，自觉萌发独立意识。所有孩子都有独立意识，更不要说青春期了。孩子12岁以后独立性差，大多是习惯没有培养好，被爸爸妈妈、爷爷奶奶惯坏了。这时候父母一定要唤醒孩子源自内心的责任感，让孩子知道他的人生不是父母的，更不是爷爷奶奶的，而是他们自己的。自己的事情只有自己才能负责任，而自己不独立就没有办法对自己负责任。

其次，父母要给孩子创造更多独立的空间。比如周末，父母有事情外出留孩子在家里学习时，不要给孩子点外卖，而是让孩子自己做个简单的午餐，就是泡一桶方便面也行。不要觉得这会耽误孩子的学习时间，独立意识的培养比那一会的学习要重要。

父母还要鼓励孩子多交朋友，特别是多交那些独立性强的朋友，一两周约朋友出去打打篮球、看场电影。孩子有了独立的生活空间，独立性就会建立起来。

最后，好吃懒做培养不出独立人格，父母要教会孩子勤劳。不管家庭多么富裕，要求孩子从事一定的体力劳动都是十分必要的。一个健全的人，在身体、精神等方面需要平衡发展，缺一不可。

一个孩子拥有了独立的人格，代表他在智商、情商方面都相对成熟了。因此他才能有独自面对困难的勇气，而且能坚忍不拔地走下去。这样培养出来的孩子才更容易成功。

第七章

家长培养孩子时的常见误区

1. 误区一：
■ 拒绝孩子的合理要求

　　小雅是一个12岁的小姑娘，家里一直很关心她的学习，一直让她参加各种比赛。有一次参加奥数比赛，结束后，组委会带领所有参赛选手旅游。午饭时，与小雅坐一座的一个男孩给她盛了一碗南瓜粥，满脸真诚地对她说："这粥特别好喝，你尝尝。"

　　其实该男孩给一桌的其他人都盛了一碗南瓜汤，而且说了同样的话，可是小雅却依然感动得想哭。因为这是第一个主动给她盛汤的人。

　　小雅的父母对她的饮食从不关心，只把关注点放在作业有没有及时完成、在辅导班有没有认真听讲、考试成绩怎么样上。在小雅父母的心中，过问孩子的学习就等于关心孩子的一切了，而且自认为极其负责。却忽略了孩子身心发展的需求，给孩子带来了很大危害。

　　与之类似的事情还有很多。下面我们先来看，家长最为常见的几种想法，随后再具体分析这些行为给孩子带来的危害。

辩解就是顶嘴

李萌换了新岗位，因为业务不熟，经常犯错，在单位总是被领导批评。因为心情不畅，只要孩子稍微做错点事，就对着孩子大发雷霆。要是孩子一辩解，她就认为是顶嘴。

有一天，李萌发现孩子没有写完作业就开始看手机，于是马上上前将孩子手机抢过来，大声训斥孩子玩手机不学习。

孩子辩解道："我们今天的内容我没有学懂，只是在网上搜一下知识点，并没有玩手机。"

李萌却不听他的解释，始终认为孩子在狡辩顶嘴，最后孩子给她看自己的浏览记录她还是不依不饶，"你为什么上课没有听懂？还不是因为经常玩手机导致注意力不集中？"

说着她就把手机强硬地没收了。

孩子心想，妈妈真是不讲理。

手机的用处不只是玩游戏，它还有很多在现代社会不可或缺的功能，如果能合理利用手机，对于孩子的学习也不失为一件好事。案例中李萌完全不听孩子解释，甚至之后知道了孩子是在学习依旧态度恶劣，这时候李萌已经不是在教育孩子了，纯粹是想在孩子这里发泄自己的怒火并且满足自己的掌控欲，这对于孩子的教育来说没有好处。

凡事都有特殊情况，孩子特殊对待，也在情理之中。一旦家长发现孩子的行为和自己的要求不符，首先要听一下孩子的解释，不要只顾着自己生气而完全不管孩子的原因，这样只会让孩子觉得你不讲道理。在教育孩子的过程中，家长一定要及时反思自己的言行。

不能与异性同学走得太近

一个六年级的女孩说："我最不喜欢母亲查看我的聊天记录。因为她一看到我曾与男孩子聊过天，就刨根问底地问是谁。有一年，我和班长被分在同一个学习小组。妈妈看班长是名男生，就找到班主任，给我换学习小组。这不仅影响了我和班长的关系，还降低了我的学习热情。"

类似的事情在很多孩子身上都出现过。父母经常用自己的眼光约束孩子和朋友的交往，担心早恋会影响孩子的学习。但其实很多孩子之间的交往，只是纯真的友谊，并没有家长想的早恋情况。

著名作家刘墉的儿子小时候与邻居家的小女孩在同一所小学、同一个班学习，而且还是同桌。有一天，儿子对刘墉说："我同桌感冒了，咳得很厉害，真想能替她咳一会儿。"

"这不行，但是你可以帮她打杯水。"刘墉笑着说。

不久后，小女孩一家要搬到加拿大。刘墉担心儿子会因离别而伤心。可是两个孩子有说有笑地道别了。

有一天，刘墉见儿子手里拿着一根长长的头发，感觉有些奇怪。儿子对他说："爸爸，我打扫卫生时，在我以前同桌的椅子上看到的，这一定是她的头发，我能留作纪念吗？"

"可以。"刘墉还帮孩子找了个玻璃瓶。

刘墉这样做，是因为知道两个孩子是最好的玩伴，别无其他。如果非不让他们在一起，会让孩子很伤心，这才会影响孩子的学习。所以有些家长担心孩子早恋纯属捕风捉影，对孩子的交友缺少观察，又疑心过重，才会强令禁止，影响了孩子的人际关系。

成绩不好就是没用功

很多孩子经常被父母说自己的学习不用功，但其实他们也很委屈，因为他们成绩不好其实不是因为他们不用功，也可能是有以下几种情况：考试没发挥好；偏科，学不会；毫无兴趣，努力却无法专注。他们也不愿意这样，可不管怎么努力，只要是成绩没有上去，父母就会不问缘由地认为他们不努力。

此外，孩子们还经常抱怨，父母对自己没在学习的时间非常关注，努力的时候却看不到。例如，孩子看了很长时间的书，家长没看到。可是刚玩一会儿手机，就被家长发现了。于是根据表象，对孩子一顿数落。但简单的批评对孩子成绩的提高毫无帮助，甚至会让孩子抵触，因此，家长如果觉得孩子成绩不好，首先应该分析孩子得分不高的原因，然后再看看如何改善这些问题，不要一上来就去责怪孩子。

家长若总是抱着孩子不努力的想法，一味苛责孩子而不帮孩子分析、解决问题，那么给自己和孩子都会带来很多伤害，比如：

亲子关系冷漠

一位教育家说："良好的亲子关系比管教更有效。"因为家长和孩子感情良好，孩子才愿意听你的话。否则，就算你正确。孩子却因你的一些想法反感你，也不会与你交流。你的管教就是在做无用功。

孩子厌学

孩子很努力却总被指责，难免会有苦劳无功的感觉，就会厌学。要是违背兴趣，厌学程度会更严重，所以家长不要总是用成绩去否定孩子。

信心缺失

孩子因为成绩差，总被家长批评，慢慢就会对学习失去自信心，抱着消极的态度学习，逐渐与他人的差距越来越大，这对孩子后续发展危害甚大。

可见，家长因自以为是给孩子成长造成的延迟，危害性要比真正的漠视还可怕。因为这给孩子带来很多负向的压力，会导致孩子畸形成长。时间久了，想矫正都难了。

2. 误区二：
按照自己的喜好去满足孩子

不久前，网络上流行了一个视频。一个幼儿园大班的孩子，一脸怒气地对母亲吼："这卷子太长了，不好玩，不做了。"

原来是身为小学教师的母亲，想看看孩子的智力水平和学习能力，把自己所在学校一年级的数学考试试卷拿回来了。

数学正是孩子母亲所教的科目，她自以为孩子一定会像她一样喜欢数学，却没想到孩子会因题太多、太难而感到愤怒。

家长的这种行为很常见，而且有貌似正确的理由。比如最常见的就是担心孩子上小学后跟不上。尤其当下许多幼儿园孩子的家长都在给孩子补课，自己如果不补，害怕孩子必然会输在起跑线上。

但是一看他们给孩子所选的课程。大部分是家长自认为实用的语文、数学、外语，让孩子提早向小学过渡。另一部分是自己喜欢的科目，音乐、美术等等。前者是父母根据自己的经验选择的主流课程，后者则是希望孩子延续自己的喜爱。其实家长的这两种选择都属于按照自己的喜好去引导孩子。

　　孩子的选择全都围绕着家长，导致体验在家长身上，执行的却是孩子。结果很容易适得其反。而且很多家长自以为自己并没有强迫孩子，其实在日常的很多场景里都有着类似的情况，比如关于阅读这件事。

　　许多家长会给孩子买一堆专家推荐的好书，强迫孩子去看，并让孩子收起自己喜欢的童话书、漫画，以为这才是更高级的阅读。其实专家受时代的限制，推荐的书未必符合孩子的阅读口味和能力。此外，这些书的内容对于孩子是好是坏，也是一个有待商榷的事。有些故事中的内容，孩子根本就不知道在说什么，他怎么可能愿意看呢？又怎么能从中获益呢？

　　所以，家长在强迫孩子阅读之前，最好先自己看一遍图书，不要盲目地认为专家推荐的东西就是好。此外，还要根据孩子的年龄段结合孩子自己的兴趣去选择，这样才能调动孩子的阅读兴趣。

　　暑假临近，一家辅导机构，在某一区的所有幼儿园都发了大量的传单。补习的课程包括右脑开发课、音乐课、舞蹈课。如果孩子把所有的课都报了。费用6000元。单报美术和音乐，每科3500元。

　　周梅给孩子报了一个全科班。一是觉得经济实惠。二是自己的工作忙。孩子报全科可以全天都在辅导机构，自己就不必为孩子担心了。

　　结果孩子一个暑假，几乎没有得到休息。他对繁重的学业十分反感，逃了几次课，但是没被辅导老师发现。

升入一年级后，觉得课程简单，上课总是走神，但是成绩还可以。周梅觉得补课起到了作用。寒假又给孩子报了一个全科班。孩子的成绩依旧让她很满意。可是随着孩子年级的升高，成绩却下降了。这让周梅非常疑惑。

其实，孩子随着年级的增长，成绩会有一些正常的下降。因为课程越来越难，孩子在每一科目上花费的时间即使比以前长，也很难达到以前的分数。而且孩子的精力有限，科目太多会耗费他大量的精力，更加会影响成绩。再加上如果课下学习时间过长，他很容易养成上课不注意听讲的习惯，这样会更加影响成绩。从而离父母的期盼越来越远。

因此，家长切不可因为自己的喜好，对孩子揠苗助长，或者把孩子甩给辅导机构。孩子若是因为依赖性，而丧失了注意力、独立性，他在实现延迟满足的过程中必将受到巨大的阻碍。而且成人后，自学能力对孩子的成长极其重要。孩子在这方面的短板，很可能让他落后于其他孩子。

3. 误区三：
延迟满足等于漫长的等待

棉花糖实验的结果让许多家长欣喜若狂，他们认为能够等待的孩子就能够成功。于是对孩子的诸多需求采取了一刀切的方式。如孩子想买玩具，以后再说；孩子想去旅游，以后再说；孩子想吃糖果，以后再说。简言之，这些家长把所有孩子的要求都无限期延后，以为这样就可以让孩子学会忍耐，以后获得成功。

这其实是对延迟满足的误解。首先延迟满足的目的是希望通过坚持与努力获得更好的东西，而不是本该得到的，却非得延后。其次，任何道理都有自己适用的条件和范围，一味地套用理论而不结合现实，那么任何举措都是很难生效的。

下面我们来看，家长在训练孩子延迟满足能力时，经常忽视的问题。

忽视孩子的年龄特征

米歇尔研究小组认为，5岁是一个分界线。4岁以下的孩子大多没有延迟满足的能力，他们不懂得忍耐；而5岁以上的孩子已经有一些相关的意识了；而直到8～13岁，大多数的孩子通过锻炼，延迟满足的能力才会得到大幅度的提高。

有些家长不知道孩子这方面的特征，对孩子的需求视而不见，还自认为秉承了"惯子如杀子"的理念。结果毁了儿童对自己的依赖，甚至对于他的人格和行为方式都产生了影响。

不要延迟不该延迟的东西

有些家长为了训练孩子延迟满足的能力，就算孩子饿了、哭了都不予理睬。以为过一会他们就会安静下来，但是安静不等于事情得到了解决。

一对夫妻领着三岁大的孩子逛公园。两人想要锻炼孩子的行走速度，就快步走在前面，谁知道孩子突然摔倒了。

妻子没意识到这可能导致孩子受伤，反而觉得这是培养孩子坚强勇敢能力的好机会。妻子告诉丈夫也不要去扶孩子。于是二人背着手站在一边，鼓励孩子站起来，但是孩子始终趴在地上哭，不肯站起来。

一边散步的大爷大妈看见这样的一副场面，赶紧过去就想把小孩抱起来。结果妻子拦住了，表示自己是在教育孩子坚强。

大妈听了妻子的话，很气愤地说："孩子都摔哭了，有什么教育方式不能等孩子站起来再用。你们这样，孩子以后就会觉得，你们对他不关心。"

妻子这才把孩子抱起来。孩子回到家后一直闷闷不乐。妻子给孩子洗澡的时候才发现膝盖跌破了。

妻子此时才意识到自己错了。如果孩子真伤了，什么能力都不足以让他站立起来。

延迟若不分情况，就会适得其反。家长以为自己在引导孩子，可是孩子并不知道家长的想法，会误认为家长对自己很冷漠，故意刁难自己，以后不会再信任父母。因此孩子延迟满足能力的培养应该建立在足够的安全感之上。因为孩子在最紧要的时刻需要的是关心和帮助，而不是教育。

尤其对于三岁左右的孩子，这个年龄段是建立安全感的重要阶段，他会通过父母的外在表现，判断自己的父母是否爱自己。

我们为了不让自己的错误行为影响了孩子的健康成长，建议采用以下方法来解决。

及时回应

当孩子提出合理的需求时，家长应该及时地回应孩子，让孩子感受到安全。这也是家长进行亲子教育很关键的一步。

肯定孩子的需要

孩子需要父母的肯定，才会有自信。要是父母从不给孩子积极地评价。孩子可能会觉得父母不喜欢自己。以后很多需要不再与父母提起。

不刻意推迟，但可以放缓

有时候，孩子提出的要求是不正确的，家长则可以适当地延迟或拒绝。例如，父母手里拎着很多东西，孩子却一再要求抱他。家长可以依据孩子的体力情况，决定是否延迟抱他。

条件要可信

一位母亲，在两个儿子吃完午餐后，给他们分苹果。说谁这次吃小的，下次就能吃大的。让哥哥先选择，哥哥马上选了大苹果。其实他这样选择是因为他的经历告诉自己，母亲不可信。要是下次有大的，她又会以自己哥哥的原因让自己让给弟弟。更何况，下次的大苹果也不一定比这次的好，所以母亲的话对他没有吸引力。

未来价值评估

大家都听过一句俗语"好饭不怕晚"，延迟满足就是如此，只有未来让孩子觉得值得期待，他才能愿意等待。但是很多事，等待的时间越长价值越低或者付出的时间和最后的报酬不成正比，这时人们很难也根本不会选择等待。就好像有人承诺，你可以选择当下获得10元钱，或者等一年后获得20元，大部分人都会选择10元并且认为等待一年的行为很愚蠢。

所以延迟满足并不是让孩子空等，也不是长时间的等待换来不尽如人意的结果。而是在有所取舍的情况下，为孩子提供所需。最终实现延迟满足。

4. 误区四：
以为孩子何时管教都来得及

教育孩子要趁早。那么家长应该如何在孩子的成长期帮助孩子更好地成长呢？

幼年时期，多陪伴

幼年时期指的是一个人三岁之前的时间。孩子在幼年时期需要对周边的环境，产生足够的安全感，才能拥有比较稳定的情绪。

让孩子产生安全感最好的方法，就是父母的陪伴。这种陪伴并不是单纯地出现在身边。而是指有效的陪伴要陪伴孩子玩游戏、给孩子讲故事、陪孩子说话、和他一起探索世界，等等能够和他共同经历的事情。

3~6岁，多给予鼓励

3~6岁是孩子建立自信心的最佳时期，因为他在很多事情上已有了独立性，因此家长应多鼓励孩子去尝试，当他自己独立完成一件事的时候，他的自信心会得到显著的提高。

一个4岁的小男孩，刚开始学自行车的时候，特别害怕摔倒，不敢让父亲放开扶着自行车的手。可是父亲也不能总是给他扶着。于是父亲不断鼓励："儿子加油，你这么聪明，骑自行车这么小的事难不倒你。"

孩子在父亲的鼓励下最终勇敢的骑了很长一段路。

英国心理学者哈德说："人若自信，可以把潜力发挥到500%以上，若自卑，只能发挥自己能力的30%。"

所以，父母在孩子3～6岁时，一定要注重对孩子自信心的培养。

拥有自信心的孩子不会轻易被困难打倒，做起事情来也从容不迫，容易实现延迟满足的长远目标。

6岁之后，特殊才能的挖掘

孩子6岁以后，大脑逐渐发育完全，可以学习更多的知识。在这个阶段，父母可以留心观察孩子的兴趣，再辅以相应的训练，可以充分发掘孩子身上的优势，使其成为孩子的一项技能。

青少年时期，尽量商量着做

孩子到了12岁之后，就开始有了自我意识。他们为了让自己看起来更像大人，或者能够融入某个自己认为优秀的圈子，会刻意地做出一些行为。尽管当他成年之后，回头看这些行为的时，会觉得相当的幼稚。但在那个年龄段的他看来，那就是展示自己的必要方式。

这段时期，即使家长对孩子玩游戏、泡网吧、早恋等行为很生气，也不要非打即骂，孩子很可能与你对着干。所以不如给他们一个建议，和他们商量，让他们认清责任和对未来的规划让他们自己决定怎么做。他们有了主动权，反而会自我约束。

总之，养孩子是一个十分注重时效性的事。三岁以前注重陪伴；六年级以后注重引导和开发；12岁以后，多与孩子商量，给他们一定的自主权。而且，家长要切记这几个重要时间点是密切相关的，只有孩子拥有了自信，才更愿意展示自己，以至于被家长发现他的特长。如果家长错过了孩子人格、才学、技能形成的过程，还想让孩子重新来过，大多数的孩子都会打退堂鼓。

5. 误区五：
对孩子求全责备

阿旺是个活泼好动，招人喜欢的小男孩。见到邻居会主动打招呼，脸上总是带着微笑，邻居们都喜欢他。但阿旺的学习成绩一般，有些贪玩，这也成为他妈妈责备他的原因。

最近大家发现他变得越来越自闭，走路碰见熟人也不打招呼了，每天都感觉垂头丧气的。大家深入了解，发现原来是因为以前他成绩虽然不优秀，但是还算过得去，可是不久前的考试因为偶然的失常，他的名次排到了后面，这让他的妈妈勃然大怒，不但停止了他所有的课外活动，而且要求阿旺必须考到班级上游去，否则永远别想出去玩。

从此，阿旺就一直在妈妈的严格监督下学习，稍一溜号母亲就对他非打即骂，他也没有了往日的活泼。

一个孩子因为成绩不太好，被家长否定了一切，失去了往日的欢乐和活力。其实这一切都是因为妈妈对孩子的期望值太高，忽视了孩子自身存在不足。一旦发现有不符合自己期待的结果，就用一些错误的方法来鞭策孩子，希望孩子变成她认可的样子，实则这样不仅不能帮助孩子改善问题，还容易让孩子的心态出现问题。

所以，家长在对待孩子不足这个问题上，首先要做的不是不求全责备，而是要从对孩子发展有利的角度出发，具体问题具体分析改变固有的思维和做法。并且要注意，不是孩子完美了，家长就可以放心了。

文静和好友李玲每个周末都聚会，共同话题就是孩子。李玲说最近对儿子学习的事很担忧。

文静对她说："你儿子每次都是全年组第一，你还担忧什么呀？"

王玲却说："我发现孩子因看不到自己的进步了，所以闷闷不乐，学习也缺少斗志了。"

文静心想：果然学霸的脑回路和学习一般的孩子不同，人家孩子因没有进步空间而郁闷，我家孩子每次有了一点进步都欣喜不已。文静觉得孩子有不足未尝不是一件好事，因为这样孩子至少有前进的动力。

我们面对孩子的不足也应该像文静一样想。很多家长会看到孩子身上的不足之处，也特别希望孩子能够弥补不足，从而变得更好。从这一角度说，因为孩子有不足，所以他们才能不断前进，并为之欣喜。

此外，我们还应该认识到。我们口中别人家的孩子也不是十全十美，可能除了学习成绩，其他一塌糊涂。从王玲孩子的身上我们就可以看到，他因成绩优秀而沉闷，这就可能说明他的性格不够乐观。

所以有人说，不要追求完美，而是要不断完善。家长不要对孩子的不足横加指责，要接纳孩子的不足。

转换思维

家长和孩子都会把不足看作是负面的事物，所以当孩子成绩不够理想的时候，双方都会不悦，而此时家长的思维方式尤为重要，家长应该做的是调整心态，帮助孩子认识到不足的好处。

引导孩子与自己比较

家长引导孩子与自己比较，是因为孩子大多有着很强的上进心，看到自己与其他的孩子的差距时，他的内心是急迫的，可又不能马上提高。在这个时候，家长要告诉孩子重视他自己的进步和改变，为自己的进步而开心。

给孩子耐心

在孩子努力的时候，父母要和孩子沟通，站在孩子的角度想问题，帮孩子分析怎么做才能提升自己。而不是因为过度地追求完美而气急败坏，并对孩子大加指责，这对孩子的心理和性格都有不好的影响。所以父母要允许孩子犯错误，相信只要孩子吸取教训，就可以做得更好。

接受孩子的成绩

父母应鼓励孩子追求更大的目标。但是不要只在乎结果，而是重视过程。如果孩子尽了全力还是没达到目标，不要觉得是孩子不够努力，因为他战胜了自己，这本身就是值得高兴的事情。而正是家长的这种心态会让孩子信心倍增，不断地攻克难关，让他不断提高自己，最终实现自己的目标。

孩子的成长本身就是一个不断改善的过程，所以家长要接纳孩子的不足，并耐心地帮助孩子改变，孩子才会给你满意的答卷。

6. 误区六：
不与孩子正确沟通

　　一位教育家在给家长们做公益讲座前，询问几十位家长在教育孩子时最头痛的事情是什么，近一半的家长回答的是跟孩子沟通的问题。

　　细想这也很正常，父母与孩子的信息不对等，想法不一样，沟通很难顺畅。再加上二者之间身份不对等，沟通就更加困难。

　　其实就父母与孩子沟通这个问题来看，父母具有绝对的主导权。因为孩子年龄小，经验、理解力有限，你不能要求孩子引领话题。所以家长要提升与孩子沟通的智慧。当你了解孩子的真正想法，才能有效地帮助他实现延迟满足。下面，我们来看，家长与孩子沟通时要回避的问题。

　　第一，不要忘了沟通的目的。

　　父母跟孩子沟通的目的就是交流思想感情，引导孩子健康成长。但是部分家长已经忘记了沟通的初衷，常常把沟通变成单方面的观点表达和情绪宣泄，这自然会让孩子反抗。例如，孩子考试没有考好，有的家长立即会说："叫你课前预习你就是不听，这下自食其果了吧！"其实家长应该换位思考一下，如果你的上司在你没有做好工作时也这么指责你，你心里也会有情绪，更何况是还在成长的孩子呢。我认为，家长们为了改善跟孩子的沟通，需要把沟通效果放在首位。如果跟孩子沟通没有效果或出现负面效果，家长一定要调整、改进。

其次，父母不要带着主观偏见去跟孩子沟通。

有的家长对孩子总是居高临下、看穿一切的态度，让孩子十分反感。例如，孩子参加完考试回家，情绪不高，有的家长会问："又没有考好吧？"家长讲这句话不仅主观猜测孩子的考试情况，而且还有认为孩子经常考不好的言外之意，很容易伤到孩子的自尊心。我的经验是父母跟孩子沟通，最好从谈论事实开始，在了解完孩子的情况与感受之后再给出自己的建议。比如家长可以这样问："今天考试的题目难吗？"如果孩子回答："难，我有一道题还没有做完。"家长可以这样说："你觉得难，别的同学也会觉得难，不必太在意。"或许孩子不佳的情绪就被家长开导好了。

再次，父母不要只问自己感兴趣或在乎的事情，多找一些孩子关心的话题来谈。

有些只顾忙工作的家长，难得跟孩子坐下来聊一聊，开口闭口都是自己感兴趣或在乎的问题，孩子自然没有谈话的兴趣。比如这些家长最爱问的就是最近学了什么？午饭吃了什么？作业做完了没有？如果父母真的爱孩子，把孩子当朋友对待，谈论的话题孩子是否感兴趣应该是衡量的重要标准。

李强被同学邀请去一座山上的足球场踢球。换衣服的时候，母亲来电话，问："你在哪呢？"

"我也不知道。"李强的确不知道那个足球场的名字。

"你干什么呢？"

"踢球。"

"就快期末考试了，你受伤了怎么办？"

"都是同学，不会用力踢的。"

"都有谁？"

"说了你也不认识。"

这时李强的同学喊他快上场。

"也不一定，你说说。"

"我得上场了。"李强很不耐烦地挂断电话。

有些家长很想知道孩子的位置，和谁在一起，所以完全不考虑孩子目前是不是在忙或者孩子是否愿意回答。案例中的李强就是不愿意回答母亲的问题，他已经说了母亲不认识自己的同学，母亲却还在问，完全不考虑这会不会影响孩子踢球。这样的一再追问只会让孩子觉得烦躁，从而对家长产生叛逆情绪。

家长与同事、好友交流时还有禁忌，可是到孩子这却完全没有了。这必然会引起孩子的反感。所以，父母希望跟孩子有良好的沟通效果，最重要的是把孩子当成一个平等的人。孩子虽小，生活和社会经验没有父母多，但是他也有自己的思想和感情，也需要被父母照顾到。因此，父母跟孩子沟通时，一定要让孩子感受到爱和尊重。如果父母做到了这一点，跟孩子之间的沟通就不成问题了。

7. 误区七：
对孩子只鼓励，不批评

尽管我们一再强调家长对孩子求全责备造成的危害，但并不是让家长对于孩子一味地鼓励而放任他不对的行为。这种纵容最后会造成孩子无法认清自己现状和能力，反而无法实现延迟满足的目标。

此外，求全责备和批评的性质是不一样的，前者不仅挑剔，而且态度并不友善；而后者批评，含义是指对他人的缺点或错误提出意见。孩子做错了事，家长应该指出他的做法是不对的。尤其是孩子犯了小的错误时，家长应该通过批评，使其错误不再扩大化。

曾经有一个例子，说是有一个聪明伶俐的男孩，刚会走路时就偷了邻居家的一根针。回家后，母亲居然表扬了他一番。后来他长大一些，就开始偷人家的玉米。母亲也没批评他。等男孩成人后，他偷了珠宝店，被警方抓捕归案。母亲才意识到自己对孩子的教育错了。

人无完人，何况处于成长阶段的孩子。他们因为人性和经验不足常常会做错事情。这个时候，家长的职责是及时指出来，同时告诉他们正确的做法。这个过程，就是家长和老师对孩子的批评教育。

在指出孩子缺点、错误的时候，即使家长和老师的态度温和，孩子们也会有一定的负面情绪。只要这样的负面情绪被控制在一定范围内，批评教育对孩子的好处就会远多于坏处。也正是一定的负面情绪让孩子对自己所犯的错误记忆深刻，日后才会得到改正。

当然，孩子做错事情，我们也要视情况处理，一般来说，孩子做错事或者没有做好一件事情，都会有两种前提，一种是有意或无意，另一种是能力不足或能力足够。如果孩子是无意和能力不足做错了事情，家长需要原谅并鼓励孩子，不能批评孩子。这种时候，家长可以对孩子说："没关系，下一次你就会做好的。"如果孩子有意做错事情，或者有能力把事情做好却没有做好，是孩子的态度存在一定的问题，家长需要指出来，也就是进行批评，但是家长的态度要温和，不要声色俱厉，更不要又打又骂。

其实，孩子在成长过程中，错误的言行和做错的事情数也数不清，且种类繁多。大多数情况下，家长不需要指责孩子，仅仅指出来就好了。要是孩子做错后自己立即就有了悔改之心，家长和老师连指出来都可以省略。

对于批评的使用家长也要注重使用的场景。生活中一些家长有"指责型人格"的倾向，是对孩子成长没有帮助的。比如孩子不小心打碎了一个杯子，正在胆战心惊，妈妈马上就是一阵严厉的埋怨加指责："一个杯子都拿不好，将来还能指望你什么。你就不能做事仔细一些吗？"诸如此类的小过失，其实孩子自己都在埋怨自己，家长大可不必"落井下石"。

但是，如果孩子有一些格外严重的错误行为，比如偷盗、有意损坏财物、让自己或他人处于险境、言语上对他人进行人身攻击等。那么家长不仅要给孩子指出来，而且还要批评、呵斥孩子。如果家长轻描淡写，甚至文过饰非就会扰乱孩子的价值观与是非观，其结果一定是既害了孩子，又害了家庭。

家长掌握了批评的尺度，孩子才能意识到什么错误是不能犯的，什么错误是犯了之后可以原谅但是要从中吸取经验的，这样他们才能感受到父母的良苦用心，同时心中无怨，不再犯其他错误，让他们的身心成长更加健康、顺利。

8. 误区八：
带给孩子有负担的爱

　　每个学期放假前的时候，家长和学生在一学期的成绩单面前，又是"少数欢喜多数愁"的场景。学霸毕竟只是少数。在喜欢攀比的家长眼里，孩子的成绩真是让自己脸上无光。只能拿孩子出这口闷气。

　　一位3年级男孩，学校放假了，跟着妈妈离开校园，上了妈妈驾驶的车，坐在后排座位上的他一路上闷闷不乐，听着妈妈不停地数落"你怎么数学才考了这么一点儿分？""我和你爸怎么就生了你这么一个笨蛋？""你对得起我们吗？我们每天辛辛苦苦可都是为了你。""你看看你的邻桌，人家每次都考第一，你不觉得丢人吗？"

　　此类话语许多家长都说过，为什么停止不下来呢？一是把孩子的成绩看得太重了。二是付出感在作祟。他们无法接受孩子一无所获的结果，总是苛责孩子、把自己的想法强加给孩子，并且还会不停地批评孩子，打压他们的自尊心和自信心。如此一来，孩子的心理压力越来越大，很容易形成不健康的心理状态，对他们自己的发育起到恶劣影响。

　　著名心理学家简·尼尔森举过这样一个事例：弗雷德打碎了妈妈一个很珍贵的古董花瓶。妈妈为此很伤心，坐在那儿哭了起来。弗雷德也为自己打碎了花瓶难过得不得了，但他却问道："妈妈，要是我出了什么事，你会这么伤心吗？"

　　可见，孩子们经常不知道自己有多么重要，不知道父母有多么爱他们。有时候，父母过于关注孩子的不良行为，以至于他们眼中没有了孩子，孩子眼中也就没有了自己。

　　孩子一做错事，家长随即一顿埋怨和指责，孩子会怎么想？他们多半会想："我永远做得没有你们希望得那么好。你们要求我做得好只是为了你们自己，并不是为了我。"因为孩子没有得到来自父母的无条件的爱，他们失去了前进的方向和动力。

　　父母爱孩子不应该是有条件的。孩子聪明，家长要爱；孩子笨，家长也要爱。孩子学习成绩好，家长要爱；孩子学习成绩不好，家长也要爱。一旦家长对孩子的爱附加了一些条件，或者让孩子误会附加了条件，父母与子女的关系就产生了裂痕。

　　因此，教育界提倡无条件的爱。这样孩子才不会因为爱太沉重而阻碍了前进的步伐。

　　无条件的爱，听起来很难，其实只要做到以下两点就够了：

爱的一方不向被爱的一方索取

　　即当父母无条件地爱孩子时，他们只在乎孩子是否快乐幸福，并不在意是否可以从这份爱里得到物质或精神的好处。爱不是一种交易，付出爱的一方甚至不一定需要得到爱的回报。中国法律有"抚养"与"赡养"的交换性条款，但是今天的许多家庭中，父母生养儿女的目的早已不是为了得到孩子的赡养，而是对于孩子更多的要求和束缚。

爱对方本来的样子

父母无条件地爱孩子，就是无论孩子的年龄、长相、性格、智商、情商如何都爱他，也不管价值观怎么样、做什么工作、收入多少、兴趣爱好是什么，都会爱。换言之，父母爱孩子只是因为他是独一无二的孩子。世界上没有两个一模一样的孩子，世界上也没有两个完全融洽的人，自然需要接纳和包容他让自己不满意的方面。

但是，无条件的爱不是溺爱。现在大多数家长都明白溺爱对孩子成长并不好，只是很少有人知道爱与溺爱的界线在哪里。如果家长懂得无条件的爱并不是盲目的爱，就能区别爱与溺爱的标准。

无条件的爱需要付出爱的一方接纳和包容接受爱的一方的差异、短处或缺点，只是强调付出爱的一方要理解对方，并不是让付出爱的一方要认同对方的一切。对方的差异，付出的一方可以求同存异；对方的短处，付出的一方需要帮助对方提高；对方的缺点，付出的一方需要帮助对方克服。

在孩子需要提高的地方，家长不帮助孩子提高；在孩子需要克服缺点的时候，家长不帮助孩子克服，这样的家长要么是不负责任，要么是正在滑向溺爱的边缘。更有甚者，当家长面对孩子的无理要求或错误行为时，不仅不进行劝阻，反而纵容孩子，那么家长此时的所作所为就是在溺爱孩子。举个例子，家长明明知道孩子贪玩，在学习上用心不够，却孩子想要什么玩具都给买，而且还把一大堆玩具放在孩子一个人的房间里任其随时、随意玩，这就是溺爱，这就是在害孩子。

所有家长都希望自己的孩子能够成功，能够实现最后的目标，但家长切不可以爱之名对孩子提过高的要求，那等于向孩子索取精神满足。孩子带着沉重的精神压力前行，会提前疲惫不堪，反而让他的成长和学习变慢了。

9 误区九：
总是替孩子做决定

　　有些家长常与朋友吐槽："为什么我用无私的爱换来的却是自私的下一代？""我为孩子好，可是孩子不领情！""真是好心没有好报啊！"

　　其实会产生这种情况，主要的原因就是家长好心办坏事。

　　最常见的例子就是家长总是监视孩子的行为。心想如果发现孩子有什么"不轨行为"，及早阻止，以防不测。可是很快就被孩子发现，不喜欢被管控的孩子开始提防父母，与父母产生距离，最终导致亲子关系疏远。

　　有一对母女，两人之间已经接近水火不容的地步。母亲带孩子去看心理医生。因为她想不通孩子为什么对她敌对情绪那么严重。

　　心理医生对母女二人分别谈话。女儿读六年级，跟心理医生交谈两三分钟后已能敞开心扉，她跟医生谈自己将来想去中央美院国画系学习，可是母亲想让她去北大学新闻学，每天都让她看一些自己根本就不喜欢的文学作品，不让她画画。

她想，既然母亲不让自己开心，她也不让妈妈开心，不仅把文学书束之高阁，还经常和母亲争辩。

母亲告诉医生，女儿兴趣爱好太多，玩心太大，琴棋书画都喜欢学，可是没有一样精通。马上女儿就读初中了，母亲担心孩子心思不放在学业上，将来连高中都考不上，于是强行终止了女儿的所有兴趣爱好。

我们能说这位母亲约束女儿的出发点不是爱吗？不能，只是这位母亲带着一腔好心却把事情搞砸了。每一个人精通一种艺术都要很长时间，可是她在短时间内就判断孩子没有一样精通的爱好，从而中止孩子所有的兴趣，这也让孩子有了叛逆的心理。其实她完全可以给孩子保留两个兴趣中比较突出的那一项来让孩子继续学习。这样既不会影响孩子的学业，还陶冶了孩子的情操，岂不是两全其美。可是家长却依靠自己的判断给孩子选择了自己认为正确的，对孩子矫枉过正。

家长之所以会犯这样的错误，一是对孩子的学习规律不了解。二是把孩子的事情当作自己的事情。因为家长没有事先征求孩子的意见，孩子对家长的所谓好心并不买账。而且如果事情出现了糟糕的结果，还要孩子去承担后果，孩子则更无法接受家长的好心了。

父母教育、帮助孩子是需要的，但是也要分情况。孩子的一些私人行为，尽管不合父母的心意，但如果对他人没有影响，父母最好不要干涉，更不能简单粗暴地直接制止。父母越俎代庖地包办孩子的事情，不管父母的是否出于好意，都后患无穷，有时还会酿成严重后果。

第一，妨碍孩子独立性的养成。父母生儿育女，学校教育学生，其最终目的都是让孩子长大成人之后自食其力、独立生活。家长在好意的掩护之下过多干涉孩子的事情，满足了自己的控制欲，损害的却是孩子的独立成长，滋生孩子对父母和别人的依赖。

第二，剥夺孩子本该学会的许多能力。父母为了孩子好，处处保护孩子；为了让孩子有更多的学习时间，不让孩子做任何家务。这样的家长极有可能培养出"四体不勤、五谷不分"的高分低能儿，更为恐怖的是在这些高分低能儿中时不时冒出几个巨婴，没有自己的想法，只会依赖父母帮自己做决策，连生活都没办法自理。

第三，很难唤醒孩子源自内心的责任感。今天的父母，都希望孩子学习好，将来考进名牌大学。殊不知，孩子学习好的背后是学习动力强，而学习动力强的背后是孩子被唤醒的责任感。家长帮孩子做了过多的事情，会让孩子误以为自己的事情都是爸爸妈妈的分内事。既然这么多的事情都跟自己无关，他们还需要什么责任感呢！

第四，伤害亲子关系，孩子叛逆。一个家庭亲子关系不好，很多时候就是父母过多干涉孩子的事情，什么穿戴不对、发型流里流气、朋友交得不好等。久而久之，孩子或多或少会对父母产生反感。遇上青春期，孩子不叛逆才怪。

父母的好意，只要涉及孩子，就需要征得孩子的认可。只有孩子能认可的帮助才能成为孩子的助力，而不会成为孩子成长或学习的阻力或负担。

10. 误区十：
认为孩子不是读书那块料

　　有些家长看到孩子不聪明、贪玩、成绩差，就认为孩子不是读书那块料。这样的判断是十分错误的。大家都知道勤能补拙，专一可成就卓越的道理，孩子读书也适用于此。所以家长在衡量孩子是否适合读书方面，要重新制定衡量标准。

　　教育界衡量一个孩子是否适合读书的标准是先天因素和后天习惯。先天聪明的孩子只是比智商一般的孩子多了些优势，如，反应快、记忆力强，但是不代表他就适合学习。例如，我们都学过《伤仲永》。它就是一个真实的故事。

　　天圣三年，方仲永无师自通，提笔写诗，文采和书法都很好，震动乡里。此后有人出资让他写字，父亲觉得这是个挣钱的好方法，就带着他去给别人写字，他则没时间读书。八年后，与方仲永同龄的王安石跟随父亲回老家探亲，在舅舅家里他们遇见了方仲永。王安石请方仲永作了几首诗，但他有些失望，因为诗作的水平没有他想象得高。

又过了七年，王安石再次回老家探亲，再遇方仲永。方仲永靠种地维生。王安石对方仲永的经历深有感触，写下《伤仲永》一文。

方仲永的天资可谓出类拔萃了，可是却没有考取任何功名，原因就在于，他因眼前的利益而放弃了读书这种长远的目标，最终因小失大，白白浪费了自己的天赋。与方仲永对比最大的要算曾国藩。曾国藩儿时背书，十几遍背不下来一篇短文，但他依旧坚持背诵。最后靠这种毅力金榜题名。

可见，孩子聪明与否都是可以读书的。孩子最终会取得什么样的成绩，与家长对于孩子的观察和调教有一定关系。以往，有些家长说自己太忙了，没有和孩子接触的时间。可当下的新冠肺炎为家长提供了观察和引导孩子的最好机会。在很长一段时间里，孩子的生活、学习、娱乐都集中在家里。孩子的学习兴趣、自律性、专注度，父母一目了然，父母可以从这几个角度来重新审视孩子。

专注度是影响孩子学习效果的第一道门槛，也是鉴别孩子是否是读书的料的首要指标。

许多教育者发现，天资高的孩子因为反应灵敏，注意力集中在一个方向的时间一般不长。天资平平的孩子反倒可能注意力很集中，但理解力不够好，可能掌握问题比较慢。家长面对两种孩子要区别对待。如，前者要提升学习的趣味性，后者要给孩子足够的耐心。

兴趣爱好是判断孩子是否适合读书的另一大指标。一般来说，兴趣爱好广泛并对其中一两项有钻研精神的孩子更适合读书。相反兴趣单一，且没有钻研精神的孩子则很难专注于学习。

在判断孩子是否是读书的料中最重要的指标是自律性。懂得自律的孩子也可能贪玩，例如背着爸爸妈妈玩游戏，但他们学习与娱乐张弛有度，不会沉湎于影响学习的种种活动。他们也有自己不感兴趣的地方，但是会根据必要性去学习。简言之，这种孩子读书与自己人生的关系，也就开始主动承担人生的责任。

如果家长发现自家孩子不是读书的料，那么家长最需要做的事情应该是反思，然后改变自己的育儿方式。因为每个孩子最开始都是读书的料，现在变成不是了很大一部分原因就是家长在合适的时段没有帮孩子养成良好的学习习惯。例如《伤仲永》中，仲永之所以会沦为庸人，首要责任就在于家长带他替别人写字而荒废了学习。

对于12周岁以前的儿童，爸爸妈妈就是他们学习习惯的缔造者。一般而言，家长的价值观、性格、经济条件和文化程度是影响孩子学习习惯养成的四大因素。例如，有的爸爸妈妈三观不正，过分追求生活享受，无形中会影响孩子偏向于感官娱乐，吃不了学习的苦。再比如，有的爸爸妈妈性格强势，希望掌控一切，孩子被逼得没有了人生的方向，同时失去了对学习的兴趣。在学习习惯上则会表现为应付差事。

如果孩子有不良的学习习惯，家长应该先检讨自己，看看是不是自己对孩子的兴趣关心不足，或者因孩子的成绩差而放手不管。如果是这样，家长很可能埋没了一个非常适合读书的孩子。